JN115006

「経済」「地域」「親の学歴」
格差は乗り越えられる

学校や塾へ行かずに、いかにして4人の子どもたちは独学力を身につけたのか？

内藤浩哉 Naito Hiroya

フォレスト出版

まえがき

「経済」「地域」「親の学歴」格差は乗り越えられる

教育格差が問題になっています。親ガチャという言葉まであります。子どもたちのしんどい状況は、いくら努力しても自分の力ではどうにもできない、と思われがちです。親から見ても同じでしょう。子どものためにどうにかしてあげたいと思っても、状況を変えられない、と。

教育格差が問題になるのは、学校教育が受験を意識しすぎる裏返しでもあると思います。勉強とは、受験のため、金を稼ぐためのものではないはずです。経済的な豊かさが唯一の目的ではなく、人生の豊かさが目的のはずです。そういう勉強であれば、子どもたちが追いつめられることはないのではないでしょうか？

私は４人の子をもつ父親です。この子たちは、小中高の学校に１日も通うことなく、塾も家庭教師も習い事もなく、誰からも勉強を教わることなく、完全独学で勉強してきました。試験、受験の圧力は皆無です。誰とも競争せず、格差を意識することなく、学歴を求めることもなく、ただただ、人生を豊かにするためだけに勉強してきました。

学力が気になるでしょうか？　上の3人は大学へ行くことを希望し、第一子は三重大学へ、第二子は京都大学を受験しました。第三子も来年、京都大学受験を希望しています。子どもたちが大学へ行くのは、就職やお金のためではありません。学問を求めてのことです。とはいえ、国立大学ですから、共通テストと二次試験を受けて合格しなければいけません。大学受験前には、受験勉強をしました。本人が望んでやったことで、親はけしかけていません。

完全独学で、国立大学へ行ける程度の学力は問題なくつきます。勉強の方法に秘密があるのではなく、それ以前の土台づくりに秘密があります。この本では、それを明かしたいと思います。

土台づくりも勉強そのものも、きわめてお金のかからない方法です。田舎に住んでいるため、地域格差の点でも不利です。土台づくりは誰にでもできる単純な内容なので、親の学歴は関係ありません。経済、地域、親の学歴という教育格差の原因がなくなるなら、教育格差自体が消えてなくなるかも。どんな子も、自分の望むように生きていける。そんな世の中を願っています。

わが家では、親の考えを一方的に押しつけることはせず、子どもたちの考えや意見をたえず聞いています。親の言いなりになることはダメだと、常に言っています。反論、主張は大歓迎です。それがわが家の価値観です。子どもたちの意見によってわが家の方針や選択を変えることもあります。

本書には、家族みながおおむね賛同できることを書いています。この本を書くにあたって、逐一、妻や子どもたちに確認してもらったり意見を求めたりしたので、著者名は私単独であっても、事実上は6人の共著です。

そのことをご理解いただけるよう、妻と4人の子どもたちのコメントをところどころ入れてあります。私との打ち合わせなし、私によるチェックや校閲もなし、表記統一をふくむ編集もなしの、ネイティブデータそのままです。

私たち家族は、つつましく生きる一般人なので、本名を出すことは控えます。しかし架空の話ではないかと疑問をもたれかねませんので、私だけ本名を明かします。地域格差を問題にする関係で、住んでいる地域も明かします。妻と子どもたちは仮名とさせていただきます。子どもたちには未成年も受験生もいます。プライバシーを詮索するような行為はどうぞご遠慮ください。

わが家では、なんでもあり、なんでもオーケーです。犯罪や他人に迷惑をかけるようなことが別なのはわざわざ言わなくてもいいと思いますが。

本書で、「○○してはいけない」という内容は何もありません。「○○しようよ」はあります。「○○しようよ」が「○○以外はダメだ」と誤解されがちなので、念のため。

家族紹介

私たちは6人家族です。メンバーを紹介します。

父……筆者である私

大阪に生まれ、高校卒業まで大阪で育ちました。小学校、中学校、高校は地元の公立（有名進学校ではありません）でした。京都大学文学部に現役合格し、そのまま京都市内で就職。

その後、新天地を求めて、ぐうぜん童仙房《どうせんぼう》へやってきて移住を即決。1992年に定住しました。独身で8年過ごし、インターネットで出会った妻と1999年に結婚。2012年からは在宅の仕事をしています。

母……ナナ

埼玉で生まれ、小中高は地元の公立校でした。その後、専門学校へ進み、東京で事務職に就いていました。田舎へのあこがれはまったくなかったそうですが、結婚後は童仙房人として暮らしています。結婚前から職場でパソコンもインターネットも使っていたので、そのへんのスキルは問題ありません。

第一子……ハル

2000年生まれ。ゲームやマンガが好き。動物、自然、農作業も好きです。工作、冒険、探検、歩くことなど大好きな一方、スポーツはあまり興味なし。小学生の間は、勉強嫌いで、まったくといっていいほどしませんでした。小6からようやく小学生の勉強を始めて、その後取り戻し、高3で高校の勉強を終えた後、自動車工場で半年働いて、一念発起、大学受験を志しました。三重大学人文学部に合格し、大学近くで一人暮らしをしています。

現在、大学2年生の22歳。ホームスクーリング中はやや内向的に見えましたが、大学生になってからは、別人のように活動的になりました。

第二子……ナツ

2003年生まれ。幼いころは人見知り気味だったけど、中学生あたりからは超ポジティブシンキングで外交的。お絵描きと野球が大好き。音楽・絵画など幅広く芸術鑑賞が好き。初めての場所、初対面の人をまったく苦にしません。しかもよくしゃべるので、ナツがいるのといないのとでは場の空気が大きく変わります。
小学生の勉強は順調に進みましたが、中1から高2までブランクがありました。高2の夏に大学受験を宣言し、そこから高校の勉強を始めました。

第三子 …… アキ

2005年生まれ。工作、読書が好きなのでインドア派の面がある一方、歩くこと、探検、冒険、農作業なども大好きで、アウトドア派でもあります。好奇心と向上心のかたまり。とくに読書の内容と量には驚くばかりです。小説などもたくさん書いています。幼いころから勉強大好きで、勉強のブランクもスランプもなく、現在高3。模試を受ければ、私が同じころの成績を常に上回っています。ふだん、けっこうのんびりしているように見えるので、その成績が私から見ても驚異です。最近は、歌舞伎、文楽、能など伝統芸能の鑑賞に関心があります。

第四子 …… フユ

2008年生まれ。臆病で引っ込み思案だったのに、中学生なかばあたりから、別人のように行動的になりました。読書量もたいへんなものです。小説も多数書いています。歩くこと、野球観戦も好きです。オリックス・バファローズのファンクラブを9年間継続しています。

親の責任により、小1で独学ができませんでした。そこから「独学の力」をつける取りくみを始め、一気に学力が伸びました。現在、高1。模試を受ければ、私が同じころの成績とだいたい同等です。アキと同じように、ブランクもスランプもありません。アキと同様、歌舞伎、文楽、能などの伝統芸能の鑑賞も好きです。1人でも歌舞伎鑑賞に行きます。

4人とも、遺跡・史跡めぐり、寺社めぐり、古墳めぐり、博物館めぐりが好きです。

4人の子どもたちは、小中学校に1日も行っていませんが、地元の小中学校に籍を置いていたので、小学生、中学生という言い方ができます。このへんの仕組みは、第6章でお話しします。

高校は行っていないし籍もないので高校生とは言えませんが、学校に行っている子たちと年齢を比較するため、この本では高1、高2、高3という表記をします。

もくじ

第1章　どうすれば子どもが「教わらずに学べる」ようになるのか？

第2章

「昔話の読み聞かせ」が驚異的な読解力を育てる

第3章

徹底した「書き写し」で学力をみがく

第4章 田舎でスタートした4人の子のホームスクーリング

第5章 ハルとナツ、完全独学で挑む京大受験

第6章 「独学の力」とホームスクーリング

ブックデザイン　山之口正和＋齋藤友貴（ＯＫＩＫＡＴＡ）
カバーイラスト　はーみん
ＤＴＰ　フォレスト出版編集部

第1章

どうすれば子どもが「教わらずに学べる」ようになるのか？

16年間の完全ホームスクーリング成立

ホームスクーリングという言葉が、一般に知られるようになってきました。聞いたことがある、という方も多いでしょう。学校へ通わず、自宅などで勉強していくことをいいます。不登校がきっかけでホームスクーリングを始める方もいれば、最初からホームスクーリングを選択する方もいます。わが家は、後者です。

4人の子どもたちが、小学校、中学校、高校へまったく行かず、塾も家庭教師もなく、親が勉強を教えることもなく、完全独学で勉強してきたというと、「信じられない」と反応されます。私も自分で経験していなければ同じだと思います。

「完全独学で勉強なんかできるわけがない。どうせ簡単なこともわからないんだろう」と言われそうですが、リアルで出会ったなかでこういう反応をした人はいません。不思議なことですが、「デキる子たち」と見られがちでした。

そもそもわが家は、ホームスクーリングにこだわったわけではなく、わが子のために最善を求めて試行錯誤していた、というのがほんとうのところです。

子どもたちが学校へ行きたがったら行かせていたし、ホームスクーリングが良くないと判断したら途中でやめていたでしょう。なんとかかんとか、２００７年に最初の子が小学1年生となって２０２３年に末っ子が中学を卒業するまで、16年間、ホームスクーリングが続いたのです。４人の子どもたち、ホームスクーリング完走、完全ホームスクーリング成立となりました。

ちなみに小中高に行っていなくても、大学受験は可能です。高等学校卒業程度認定試験（高卒認定、→47ページのコラム参照）に合格すれば高校卒業と同じ扱いになり、大学の受験資格が得られます。不登校や高校中退後、高卒認定を受ける人も多いようです。しっかり勉強すれば、試験は難しくありません。うちの子たちは、楽に合格しました。

強く言いたいことですが、わが家では、受験を意識してのホームスクーリングではありません。大学受験より、もっともっと大事なことを第一にしてきました。大学受験は副産物のようなものです。

もう一つ強く言いたいのが、ホームスクーリングは本題ではないということです。とはいっても、いろいろ気になるテーマであるようです。第6章で詳しくお話しします。

「雲の上の村」に住んでいます

私たちが住んでいるのは、雲の上です。いえ、冗談ではなくて、足もとに雲海が見えるので、ほんとうに雲の上の人なのです。

京都府に一つだけ村があります。京都府の地図を見ると、右下（南東）へ向けて、シッポがあります。そのシッポの先が南山城村《みなみやましろむら》です。あまり知られていないので、この機会に知ってもらえたらうれしいです。

南山城村の北部は、標高500メートルほどの山がつらなる高原です。その山の頂上付近が平らになっていて、集落があります。言葉で書くととんでもないところに見えるでしょうが、ちゃんと人が住んでいます。下界から見ると、とうてい人が住んでいるようには見えません。グーグルマップで航空写真を見ても、山しか見えません。だいぶん拡大してようやく集落が目視できます。ここが、童仙房《どうせんぼう》です。私たちは、この童仙房に住んでいます。

童仙房は開拓地です。江戸時代まで人が住んでいませんでした。明治2（1869）年に開拓が始まって、そこから150年あまりの歴史です。アメリカ合衆国より若いことにな

左側手前に見える
山の上が童仙房。
手前の川は木津川。

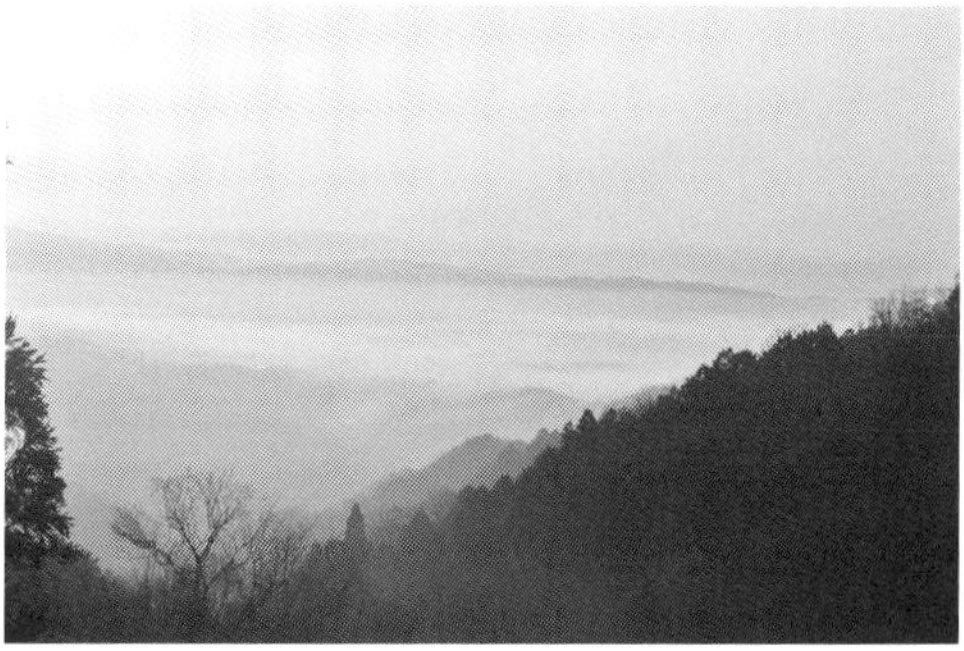

童仙房から見
える雲海。

ります。

電車やバスはないので、どこへ行くにも自動車です。鉄道の最寄り駅はＪＲ関西本線の大河原駅で、わが家から10キロメートルほど離れています。山を下りねばならないので、子どもが自力で駅へ行くことはできません。

たいへんな田舎です。とはいっても、現代は自動車とインターネットがあるので、さほどの不便を感じません。歩いていける範囲はおろか自転車で行ける範囲にもお店はないし、いちばん近いコンビニまでは車で20分。住めば都です。童仙房には信号も踏切もありません。歩道もありません。ついでに都会名物のゴキブリもいません。自然に恵まれ、地域の人たちは優しく、危険は少なく、４人の子どもを育てるにあたって、最高の環境だったと思います。

田舎でありながら若い開拓地なので進取の気風《きふう》があり、よそ者へもあたたかく、ホームスクーリングをするにも最高の環境でした。

一方で、教育環境としてはどうかというと、微妙です。進学や受験を考えるなら、圧倒的に不利です。受験にかぎらず広い意味での学力を身につけるにも、ハンディが大きい。

教育格差が話題となることが増えましたが、経済面だけでなく地域面での格差も深刻な問題です。へき地へ行くほど、教育における地域格差が大きくなります。

私がこの本でお伝えしたいのは、３つの教育格差（経済格差、地域格差、家庭間格差）を越えていこうという提案です。

「自分の人生を自分で生きる」ための学び　一番大事なこと

私たち夫婦にとっては、「自分の人生を自分で生きる」ということが、「大事なこと」のなかで一番なのです。お金は大事ではあっても、その下です。

「自分の人生を自分で生きる」というのは、誰にもたよらず自力で、などという意味ではありません。自分の人生を自分で考え、自分で責任をもって選択するというような感じです。

自由という言葉が近いですが、何をしてもいい自由ではなくて（そんな自由はありえないでしょう）、ずいぶん重たい自由です。

私たちは誰も一人きりでは生きていけないので、いろんな形で社会に参加します。そのとき、なんとなく流されるように参加するのではなく、しっかりと意志をもって、できるかぎりの責任をもって参加したいと思います。だから、世の中のみんながそれぞれに生きていけるように望みますし、世の中がよくなるようにわずかでも力になりたいと望みます。世の中のありとあらゆる出来事や問題に自然と関心がおよびます。

自分さえよければいいという考えは、わが家では好まれません。なるべく、自己中はやめようね、という努力目標です。

わが家でホームスクーリングの中心にあるのは、こういう姿勢です。《ハル、ナツ、アキ、フユ》

つまり、誰からも教わらずに自分で主体的に学ぶということなのです。しかも、点数や偏差値を意識しません。ならば勉強する目的は誰かに勝つことではなく、人びととともに生きるための勉強におのずからなっていきます。

勉強は学歴のためではない

高い学歴を身につけるほど、お金を稼ぎやすくなる、と考える人は多いでしょう。教育格差が問題になるのは、生涯にわたって収入に差ができてしまうということがあるからです。

私は、子どもたちに「いい大学に入って、いい会社に勤めて、たくさん稼いで……」などと望むことはいっさいありません。とにかく、自分の人生を自分で生きることを大事にしてほしい。そこさえゆるがなければ、あとはどうでもいいと考えています。

学歴は問題ではないし、仕事も思うようにすればいい。親があしろ、こうしろなど

「勉強が面白い」と思ったきっかけは？

ハル

そもそも「勉強」が面白いと思ったことはありません。勉強などと区別を付けずにやったものは、時には面白いと思ったことがあります。例えば新たな数学の概念を理解したときは面白さ、正確には満足感を感じました。その時は勉強のことなどは意識していませんでした。自分の成長を実感すると嬉しく感じますし、そこにきっかけはないです。

ナツ

きっかけは未知の物に遭遇することにわくわくしたことです。珍しい動物を見たり、想像できないような話を聞いたりしてわくわくする人も多いと思います。勉強となるとわくわくできない人が多いのは、「できるようにならなければいけない」という強迫観念に駆られるからではないでしょうか。私は受験期に入るまで「できるようになろう」と考えて勉強していませんでした。ベネッセの添削課題もカンニングしようと思えばいくらでもできましたが、そもそも高得点をとろうと思っていませんし、親にも「高得点をとれ」とは言われなかったので、「高得点をとったところでただ自分が気持ちいいだけ」と、ゲーム感覚で楽しみながら取り組んでいました。

アキ

そんなきっかけはありません。そもそも始めたばかりの頃の勉強の内容は、文字をなぞるだけといった、遊びだか勉強だか分からないようなものでしたので、おもしろいと思うきっかけも何もなく、なかば遊びとしてやっていました。遊びが徐々に勉強にかわっていったのです。

フユ

幼いころは参考書を読んで分からないところがあり勉強が面白いとは思いませんでしたが、気がついたときには、勉強を楽しんでするようになっていました。参考書を読んで普通に理解できるようになったから、面白く感じるようになったのだと思います。

と、野暮ったいことを言いません。そのために、必要な力はつけてやらないといけません。それが、わが家で考える「勉強」なのです。

自分の人生を自分で生きた結果として、高学歴を得て、大企業に勤めることになったとしても良し。中卒でアルバイトしながらの人生を選んでも、それも良し。自分の決断と選択であるなら、親はだまって応援するのみです。

わが家では、成績を他人と競う発想がありません。ホームスクーリングだと、試験がありません。中高生なら必ず受ける定期テストもありません。受験もありません。中学受験はおろか、中高一貫校以外のほとんどの中学3年生が向き合う高校受験もありません。成績表を受け取ったこともありません。

もっとも、これらは大学受験で一変しますが。多くの模試を受け、そのつど成績が返ってきて、ライバルたちとはげしい競争をする。それも、本人の選択です。させられる競争ではなく、本人が望んだ競争です。

試験・受験・進学のためではない勉強とは？

そもそも勉強とは自分のためにするのであって、他人と競争するものではない、と私は考えています。

学校で勉強している子どもたちは、試験のため、受験のため、進学のためと考える人が多いでしょう。これは、はたして勉強といえるでしょうか？

受験のために勉強するとどうなるでしょうか。試験科目、試験に出ることがらに集中します。そうせざるをえません。すると、試験にない科目や、試験に出ないことがらは無意味に見え、へたをすると邪魔ですらあるかもしれません。

数年前に知り合った地学の先生が言っていました。

「大学入試センター試験で地学を選ぶ人は少ないし、二次試験に地学はほとんど選べないので、高校で地学を勉強することが無意味に思われている。地震、大雨、台風、火山なんかの災害には地学の知識が生死を分けることにもなりかねないのに」

高校の社会科の科目、日本史、世界史、地理、政治経済、倫理は、現代社会を生きるうえで欠かすことのできない最低限の教養だと思いますが、受験第一だと、深刻な欠落をもたらしかねません。

大学進学しない、あるいは私立文系志望だと、数学に力を入れないというケースもあるようですが、数学は筋道を立ててものごとを考える際に不可欠です。理系だけやっておけばいいというものではありません。

古典（古文・漢文）もそうです。人生をより良く生きるために、不可欠です。理系はやらなくてもいいというものではありません。

私は勉強をとても大事なものと考えています。しっかりと、深く、広く、学ぶべきです。学歴はまったく大事ではありません。勉強そのものが大事なのです。

もっとも、勉強（教科学習）が大事なら学校へ行けよってことになるんでしょうけど。

では、学校は勉強を大事にしているでしょうか？

学校が勉強を大事にしていないのではなく、親の問題でしょうね。親の学歴信仰が強いので、学校はそのニーズに応えざるをえないというほうが、実態に近いでしょう。

親の学歴信仰というのは、親でなく、就職の有利さや学歴の社会的評価からくるのかもしれません。もつれた糸ですね。

小1からぶ厚い参考書を苦もなく読める

どうやって勉強していったかというと、パソコンやインターネットはほぼ使っていません。あれこれ試行錯誤をした結果、パソコンやインターネットを勉強では使わないスタイルに落ち着いたのです。

日々の勉強は参考書（電子ではなく、紙！）が中心で、問題集で確認します。

小学生では、増進堂・受験研究社の『自由自在』というぶ厚い参考書を使いました。２学年ごと、科目ごとに1冊となっています。たとえば、３・４年生用の理科、５・６年生用の算数、といった感じです。１・２年生は算数のみです。だいたいどこの本屋さんにも置いてあるでしょうから、気になれば手にとってみてください。教科書をうんと詳しくした説明で、基礎的なことがらから、その学年の内容を飛び抜けたことがらまでカバーしています。

中学生になると、旺文社の『総合的研究』を使いました。中学3年間の内容が1冊に詰まっていて、科目ごとにつくられています。高校で習う内容にまでふみこんでいます。

うちの子たちは、『自由自在』も『総合的研究』も苦もなくこなしました。

今は、４人とも中学の勉強を終えていますが、子どもたちに確認すると、『自由自在』や『総合的研究』を難しいと思ったことはない、わからなくて困ったこともない、と言っています。

さあ、このあたりから核心部分です。２０２２年に出版された『ルポ　誰が国語力を殺すのか』（文藝春秋）という本で、石井光太さんが子どもたちの読解力の衝撃的な現状を報告しています。２０１８年に出版された『ＡＩ vs. 教科書が読めない子どもたち』（東洋経済新報社）では、新井紀子さんが教科書をちゃんと読めない子どもたちが多いという報告をしています。

子どもたちの読解力がそうとう危機的な状況にあるという認識が世の中でいきわたりつつあります。

かたや、うちの子たちは、小学1年生からぶ厚い参考書で初めて学ぶ内容を学習してきました。

平凡・簡単・お金がかからない

うちの子たちは、生まれつき天才なのでしょうか？

まさかそんなことはありません。生まれてから身についた力によって、小学1年生から完全独学が可能だったのです。

ではそれは、なんの力？　ここですよ、ここ。

この力を、私は「独学の力」と名づけました。これは、方法やスキルではありません。

勉強にかぎらず、あらゆるすべての土台なのです。

スポーツにたとえてみましょう。

ある小学生が野球を上手になりたいと思いました。そこで、コーチに教わりました。ボールの投げ方、グローブの使い方、バットの振り方。だんだん上手になっていきますが、ある程度上手になると、上達しにくくなってきました。そのうち、体を痛めてしまいました。何が足りなかったのでしょう？

べつの子は幼いころから走るのが好きで、ひまさえあれば走ってばかりいました。その子は、高校生になってから野球を始めました。最初はヘタでしたが、順調に上達していきました。上達のスピードはほかの子よりも速いです。

もうおわかりですね。体の土台ができているかどうか、なのです。

走るの大好きっ子は、野球だけでなく、どんなスポーツをやっても、速く上達するでしょう。スポーツだけでなく、健康面もすぐれていそうですし、仕事をするようになっても、活力があることが想像できます。

「独学の力」とは、ランニングのようなものです。競技そのものではない、つまり勉強そのものではない。ランニングをいくらやってもその競技の練習をしないとできるようにはなりません。でも、ランニングをしていない人より、より良くその競技が上達するでしょう。

「独学の力」も同じです。「独学の力」をいくらつけても勉強ができるわけではありません。勉強は別です。けれども、短い時間で、はるかに良く習得できます。

さて、この「独学の力」の正体ですが、言ってしまえば「読み書き」です。「読解力」といってもいいでしょう。

しかし、多くの方がイメージする「読み書き」や「読解力」そのものではありません。もっと根源的な、想像を超えたパワフルなものです。

その一方で、あまりに平凡な、あまりに簡単なことなのです。お金もかかりません。平凡で、簡単で、お金もかからないことは、価値がないように見えるものです。だから、続けるのが難しい。ランニングを続けるのが難しいように。

「テレビ」「ゲーム」「スマホ」は自然に解決

親が高学歴だと、子どもをどのように育てれば勉強ができる子に育つかを知っている割合が高くなります。勉強ができるようになるかどうかは、遺伝よりも幼いころからの環境によるところが大きいと思います。それが、教育格差のうちの家庭間格差につながる部分だとみています。

子どもに勉強ができるようになってほしいなら、やるべきこととやるべきでないことは、人それぞれといいながらも、ある程度共通しています。

やるべきこととしてだいたい共通しているのが、「読み聞かせ」です。そしてやるべきでないこととしてだいたい共通しているのが「テレビ」「ゲーム」「スマホ」です。

子どもが生まれた直後、ものごころつく前、言葉が出だしたころ、そういうときに、テレビがいつもつきっぱなしになっていたら、子どもがテレビに曝露《ばくろ》されています。子どもには大きなダメージになります。長時間、長期間となると、影響は甚大です。このこと

ナナ

４人の子育てを振り返って、他の保護者にアドバイスできることは？

私は４人の子どもを育てましたが、幼児教育はした記憶がありません。親のメンタルヘルスのためにテレビなどを与えたくなる気持ちもわかりますが、私自身は自分のメンタルヘルスのためにテレビなどを利用したことはなかったように思います。我が家は基本テレビ（やゲームやインターネット）は自宅にいる限り特に規制していませんでした。私が精神的に辛かった時は夫に子どもの世話をまかせたりしていました。また自分がしんどくならないようにできる限りで、母親の趣味（梅干しやパン・お菓子作りなど）を子どもと一緒にしたり、興味のある集まり（お母さん同士の情報交換会、地域その他の催し物など）に子どもと参加したりして、煮詰まらないようにしていたと思います。

私は自信を持って立派に子育てしてきたわけではありません。子どもたちと共に右往左往しながら子育てしてきました。他のお母さんやお父さんにエールをおくれるような立場ではありません。子どもたちが幼かった頃を振り返ると、もっとこうしてあげたらよかった、ああすればよかったと思うことも少なくありません。子育ても終盤に近づいてきた今、目の前の子どもたちにとって最善なことはなんだろう、と思いながら日々を過ごしています。

は、いろんなところでいろんな人が言っているので、ぜひ、耳をかたむけてみてください。

かたや、勉強に意識のある親は、読み聞かせを熱心にします。子どもに読み聞かせをインストールするのか、テレビをインストールするのか、その差が何年も蓄積したら、くつがえしかねるほどの差になることは、想像できるでしょうか?

テレビ、ゲーム、スマホをどの程度制限するかは、親の考えによりけりで、正解はないでしょう。完全にダメという人もいますし、そこそこの制限という人もいます。いずれにせよ勉強に意識のある親は、無頓着《むとんちゃく》ではないはずです。

テレビもゲームもスマホも現代社会の文明の象徴のようなもので、完全にシャットアウトというのは現実的ではありません。スマホなしでこの世の中を生きていこうというのは、ムチャとしか言えません。

この3つの中で、子どもにダメージをあたえるリスクが最も高いのがスマホだと思います。『スマホが学力を破壊する』『スマホ脳』『オンライン脳』など、スマホのリスクを訴える本は多数あります。そのスマホが、生きていくに不可欠というのは、じつに悩ましい問題です。

わが家ではどうかというと、もちろん、テレビ、ゲーム、スマホが子どもにとって良くないものであるということはじゅうぶん理解しています。

その一方、自分の人生を自分で生きるには、親が子を管理することが障害になってしまいます。管理と自立はあいいれません。管理せずに、子どもたちが自主的に、テレビ、ゲーム、スマホを抑制的に使えるか。

無理だと思いますか？　そうでしょうね。どう考えたって、ほったらかしにしたら、子どもはテレビ、ゲーム、スマホに流れますよね。

わが家では、絵に描いたようにうまくいったとは言えませんが、行きつ戻りつしながら、うまいぐあいに、いいあんばいに落ち着いていきました。

どうしてそうなったかというと、もう片方の、「やるべきこと」です。詳しくは、第2章でお話しします。読み聞かせが大事だと主張する本は、山のようにあります。問題は、その、読み聞かせのなかみです。

たんに読み聞かせだけだと、「独学の力」にはなりえません。もっとも、たんなる読み聞かせでも、勉強ができるようになるための一丁目一番地であり、非常に大事なことに間違いありませんが。

読み聞かせが大事であるなどと考えたこともない、という親御さんも多いでしょう。すでにそこで、つまり子どもの幼いころに、猛烈な差が生じている、ということを認識してください。塾やお受験以前の問題です。

でも、だいじょうぶ。ひっくり返していきましょう。教育格差の下剋上《げこくじょう》です。

江戸時代の学び方を現代用にカスタマイズ　知の身体化

コンピュータや人工知能やインターネットが進化するほど、便利とか効率とかを追求すればするほど、身体をあまり使わなくなっていきます。とくにコロナ禍でいっきに進みました。

朝起きて、自宅から出ることなく、パソコンで仕事して、インターネットでやりとりする。会議はｚｏｏｍで。椅子にすわったままアマゾンで買い物したら、自宅までもってきてくれる。映画や音楽も自宅で椅子にすわったまま楽しめるし、もしかすると医療もオンライン診療とか。子どもは自宅でオンライン授業を受ける。人と交流するのも、外出しなくても自宅で寝転びながらＳＮＳで行う。ふつうの光景ですよね。そして、身体をあまり必要としなくなっています。

唐木順三さんという思想家がいます。『現代史への試み』（唐木順三ライブラリーⅠ『現代史への試み　喪失の時代』中公選書、２０１３年、所収）という本に、こんなことが書かれています。

明治維新前後に生まれた思想家や作家さんといえば、森鷗外、夏目漱石、幸田露伴、二葉亭四迷、内村鑑三、西田幾多郎たちがいます。そして、明治20年前後より後に生まれた思想家や作家さんにもたいへん有名で立派な業績を残した方々がおおぜいいらっしゃいますが、この両者に明確な違いがある、というのです。

前者は、天下国家を論じる気高《けだか》い知をもっていたのに対して、後者は自分の内面を大事にするような「か弱い知」であったとのこと。それは、知のつくられ方に違いがある。前者は漢文の素読《そどく》によって、後者は学校教育によって土台をつくった、と。

幼いころから、意味がわからなくとも、中国の四書五経《ししょごきょう》という最高の古典を暗唱する。何も見なくても、スラスラ声に出して言えるように。徹底的に。これを素読といいます。江戸時代の知のつくり方はこんなぐあいだったそうです。

明治になって学校教育がいきわたると、漢文の素読なんていうまどろっこしいことは、誰もやらなくなった。で、知が劣化した、と。

漢文の素読による知は、べらぼうにすごかったそうです。江戸時代の有名な学者さんは、漢文の素読で土台をつくりあげた人が少なくないそうです。ということが、辻本雅史さんの『江戸の学びと思想家たち』（岩波新書、２０２１年）という本に書かれています。そしてこのような土台づくりを辻本さんは「知の身体化」と名づけています。

どうしてこういうことをわざわざお伝えしたかというと、これから私が説明する「独学の力」は、たんなる田舎のオヤジの思いつきなんかではないということを理解してほしいからです。

そして、もう一つ、これは私の独創や発明ではなく、先人たちのはるかな蓄積の果てにある、ということです。この2点をゆるがせにしてはならないと、強く念ずるがゆえのことです。

「独学の力」は、まさに「知の身体化」です。江戸時代の身体化そのものではありません。現代でもできるように、現代の文脈で考えた身体化です。

パソコンやインターネットは、間違いなく進化し続けます。便利ですね。おおいに使いましょう。私も、もっともっと使っていきます。そして、身体を生かすことも、なおざりにしません。学びは、頭でするようで、じつは身体でするものです。頭だけで勉強するのは、ひ弱です。偉大な唐木順三先生が、そうおっしゃっています。骨太の学びは、身体でするものである、と。

「知の身体化」というキーワードを覚えておいてください。私がお話しする「独学の力」をよりよく理解していただけることと思います。「独学の力」が想像を超えたパワーをもつ、ということも、なんとなくでもイメージできるでしょうか。

じつは、勉強だけではありません。わが家のホームスクーリングでも、子育てにおいて、いろんなつまずきや問題がありました。悩んだり試行錯誤したりしました。それでどうなったかというと、時間がたてば、自然に解決しました。何かの対策をこうじて、それがうまくいったというのではなく、ただたんに、自然に、です。そして、自然に解決した際に、大きく成長したのがみられました。そのことは、第4章で詳しくお話しします。

「独学の力」は、あらゆる問題を自然に解決する力でもあります。これは、外から与える力ではなく、それぞれの人が、自分の中に育んでいく力です。魔法ではないので、瞬時にあとかたもなく解決、なんていうのは無理です。問題に真摯《しんし》にむきあう姿勢と時間が必要です。芽を出した植物が美しい花をさかせるために時間が必要なように、しこんだ大豆が味噌になるのに時間が必要なように。

すべてが望みどおりの形におさまるとはかぎりません。でもきっと、どんな形になろうとも、より良い形でしょう。

みんなでつくり上げた「独学の力」

わが家で「独学の力」を育ててきたのは、最初からわかっていたわけではありません。読み聞かせが大事だということはわかっていたので、まずはそこからです。

ハルがゼロ歳から、ものすごく読み聞かせをしましたが、それはふつうの読み聞かせでした。ハルは当初、「独学の力」を育てたとはいいがたいスタートでした。親自身がだんだんと子育てを勉強し、改善し、ブラッシュアップしていきました。ナツはいくぶん「独学の力」に近づき、アキは最初から「独学の力」最大限で、フユは家庭の事情で幼少期は「独学の力」を育てられず、小1から育成スタート。フユはスタートが遅れたものの、もうそのころには私たち親は「独学の力」についてよくわかっていたので、集中的にできて、1年で「独学の力」がそなわりました。

そうしてみると、アキ、フユ、ナツ、ハルの順で「独学の力」がそなわっています。ハルは、幼少期には「独学の力」がじゅうぶんではありませんでしたが、小学生になる前ぐらいから、少しずつ「独学の力」がつきはじめ、大学生になるまでには、すっかり「独学の力」をつけています。ナツも、すっかり「独学の力」をつけています。現在は、4人の子で、「独学の力」の優劣はみられません。差があったのは幼少期の話で、子どもたちには関係なく、まったく親の責任です。

わが家は4人の子どもがいたので、「独学の力」の完成にたどりつきましたが、もしも、1人か2人しか子どもがいなかったら、「独学の力」は未完成だったでしょう。「独学の力」を知ることなく、子育てが終わっていたでしょうから。この本は、家族みんなでつくり上げたというのが、ほんとうのところです。

原稿を書きながら、たえず妻と４人の子どもたちにチェックしてもらっています。ときには内容をめぐって、議論もあります。

「独学の力」が身につけば、あとは自主性に任せる

私たち夫婦は子どもたちに、「自分の人生を自分で生きてほしい」と願っていますので、子どもに対して指図、強制、管理といったことは、なるべくなら、したくありません。

子どもは管理しないとダメだ、自由にさせていたらダメになる、子どもの言うことをいちいち聞いていたらワガママになる、という意見もあります。子どもを管理せず、自由にさせていたらそれだけで万事うまくいくかというと、なかなかそうはならず、悩ましいところです。

とりわけ、勉強する意欲というのは永遠の課題でしょう。子どもが自ら勉強しようという意欲をもてば、ほっといても勉強します。親は何も言う必要がなくなります。そうなってほしいと、多くの親が願っているでしょう。学校の先生も、生徒たちがみな、自ら学ぶ意欲をもってくれたら、とても授業をやりやすいでしょう。

わが家はホームスクーリングなので、じつはこれが難問だったのです。学校のように時間割があるわけではなく、試験があるわけではなく、誰も管理しないとなると、本人に勉強しようという意思がないと何も始まらないのです。逆にいうと、学校では子どもの意思と無関係に日々が進んでいくので、すばらしい仕組みですね。

第4章で詳しくお話ししますが、この解決も、「独学の力」によります。ハルは苦労しました。「独学の力」がそなわるにつれて、ハルにも意欲がそなわってきました。ナツは中1から高2にかけてほとんど勉強しない時期がありましたが、意欲の問題ではなく、自分について考える時期だったようです。アキ、フユは勉強の意欲で困ったことはありません。

ホームスクーリングだと、勉強の意欲だけでなく、生活習慣も自ら意思をもたないと、どうにもなりません。これも、勉強の意欲と連動し、「独学の力」とともに問題が消えていきました。

現在は4人とも、勉強の意欲、生活習慣とも、なんの不安も悩みもなく、親として心配ありません。

子どもの好きにさせておいたらワガママになるか、という点は、「独学の力」があればだいじょうぶです。子ども自身、自分が悪くなるようなことをしようとは思わないからです。そのような考え方が、自然と身についていきました。

「独学の力」を育てる３つの実践

さて、いよいよ「独学の力」を明かします。「独学の力」は3つの実践からなりたちます。

- 大量の読み聞かせ（昔話！）。
- 大量の読書。
- 大量の書き写し。

読み聞かせは、昔話が中心です。創作のお話を読んではいけないということはありません。昔話は不思議な、尽きることのない力をもっています。昔話を中心にすえた読み聞かせでないと「独学の力」にはなりません。何をおいても、昔話です。もう、ぜったいです。これほど言っても、たぶん理解されないと思うので、第2章でしっかりとお話しします。

読書は読み聞かせの続きであり、読み聞かせからの連続です。勉強の邪魔になるので本など読まないほうがいいという意見もあります。その意見も理解し、尊重しますが、私がその意見に賛成することはありません。うちの子たちから読書をとりのぞいたら、せっかく積み上げてきたものが崩れ落ち、なくなってしまいます。

読書はそもそも何をどう読もうと自由で、他人から指図されるすじあいのものではありません。でも、「昔話を大量に読み聞かせ」がちゃんとできたら、読書へ自然と導かれていくでしょう。

誰が導くかって？　身体化された昔話が、ですよ。

書き写しはいちばん理解されにくい実践でしょう。かつては、書き写しが大事だと、ふつうに言われていましたが、現在、そんなことを言う人はなかなか見あたりません。うちの子たちは、ぼうだいな書き写しを蓄積しました。

書き写しは非常に大事です。ことばで説明できないほど、大事です。第3章であらためてお話しします。

3つの実践は楽しむことで習慣化しよう

3つの実践に「大量の」という枕詞《まくらことば》がついています。この言葉におじけづく人がいるかもしれません。

だいじょうぶです。塵《ちり》も積もれば山となる。山のことを「大量の」と言っているのです。日々の取りくみは、あくまでも塵です。

身体化、つまり土台づくりは、効率や速習にはなじみません。そして、「独学の力」を身につける取りくみは、ノウハウでもなく、メソッドでもありません。私は、わが家の体験談をもとにお話ししますが、こうでないといけない、というような受け止め方はしないでください。

昔話を激推しするのも、書き写しを激推しするのも、理由があってのことです。その理由は、基本原則という程度にとどめて、ノウハウとは考えないでください。どんな昔話を毎日何話ずつ読まないといけないんですか？というような質問は、まったくナンセンスです。

基本原則を理解し、やってみようということであれば、ご自身の状況、お子さまの様子にあわせて、できるように工夫してください。

そして強くお願いですが、お子さまに無理強いすることは避けてください。そもそも、この3つの実践、苦行になるようならうまくいきません。楽しくできるか、少なくとも苦にならないような形を工夫してください。

何ごとにせよ、毎日続けるとは、習慣にすることです。いやなことは習慣になりません。

この3つの実践は難しいことでしょうか？

今日、少しの時間、読み聞かせをすることは不可能なことでしょうか？

今日、書き写しを少しすることは不可能なことでしょうか？

この行動自体は、まったく難しくないはずです。能力やスキルを要求しません。読み聞かせの本も、図書館を利用すればお金すらかかりません。親の学歴も、住んでいる地域も、家庭の経済力も、通っている学校も、自宅学習であっても、関係ありません。誰にでも、簡単にできるはずです。

ただ、続けるのは難しいかもしれません。行動は簡単にできるのに続けることが難しいという取りくみはたくさんあります。日記をつけるとか、少し運動するとか。「独学の力」は、このような習慣にかかわることです。

ある程度長期間続けないと、意味がありません。1年か2年、もしかしたら3年。できれば、もっと。景色が変わるでしょうね、きっと。

コラム

不登校や高校中退の子はぜひ検討を！
高等学校卒業程度認定試験とは？

高等学校卒業程度認定試験（高卒認定、高認、昔の大検）とは、文部科学省が実施している国家試験です。高校を卒業していなくても、高校を卒業したのと「同等以上の学力」を認定します。

高卒の学歴にはなりませんが、高卒資格が必要な場面では高卒と同等に扱われます。大学受験も可能です。

試験ではマークシート形式の問題が出題されます。大学入試センター試験や共通テストのような形式です。難易度は大学入試より格段にやさしく、合格ラインは4割程度の正答率といわれます。

高1（15歳）から受験できます。英数国社理が基準点に達して合格となります。

うちの子たちは、高1または高2で合格しています。高校の内容をふつうに勉強していれば特別な対策は不要です。中学の内容をしっかりマスターしていれば、おおむね合格できそうな科目もあります（英語、国語、社会と理科の一部）。勉強と関係なく、常識だけで正解できる問題も少なくないと、子どもたちは言っています。とくに地理は知識はあまり問われず、地図や資料を読めるかどうかが中心です。

フユは中3時点で、高校世界史の勉強をまったくやっていないときに高認の世界史Bの過去問で68点とれたそうです。たくさん本を読んできたおかげです。

アキも高1の7月時点で、その科目をまったく勉強していないときに、高認過去問で世界史Bが81点、科学と人間生活が85点、現代社会が92点だったそうです。中学の勉強プラス読書だけで高得点がとれる科目があります。

ナツは高2の9月に高校の勉強を始めて2カ月で高認に合格しています。数学も2カ月の勉強で合格できたということになります。

じつは、ナツは、高校の勉強を始める前、高認過去問に挑戦しました。数学もふくめ、受験する全科目で合格ラインを越えていたそうです。2カ月で高得点の合格となったのです。これは、「独学の力」があったからこそだと、本人が言っています。

合格すると、成績が出ます。大学へ出願するなら、なるべく高い成績をとりたいでしょう。高認の成績書は調査書扱いです。奨学金の申請でも高認の成績が必要な場合があります。各科目、80点以上がA、60～79点がB、合格最低点～59点がCになります。高校の勉強をある程度やったら、Aランクはまったく難しくありません。

合格後にある科目の成績が低かったから

といって受け直しはできません。

不登校や高校中退などで高校を卒業していない人は、ぜひ検討してみてはいかがでしょうか。どんな成績であろうと、合格すれば「高卒認定」なので、合格をめざすのであれば、まずは中学の勉強を復習して、高卒認定の過去問を解いてみて、半分以下しかできない科目があればそこについて、高校の教科書ややさしい参考書で勉強してみるという手順で対応できます。


難しい参考書や教材は不要です。教科書レベルの内容をあらかた理解できたら合格できます。何から何まで覚えないといけないというほどのことはありません。

一度に全科目まとめて合格できなくても、次の機会に落ちた科目だけ受験できます。入試のような一発勝負ではありません。

試験会場では、幅ひろい年齢層の方々が受験されます。

第2章

「昔話の読み聞かせ」が驚異的な読解力を育てる

「聞かせない」読み聞かせからスタート

ハルが生まれたのが２０００年。生まれて６カ月というと、首がすわりかけてきたころです。寝返りも始めました。そのころに、読み聞かせを始めたのです。

もちろん、言葉を理解しているようには見えない時期です。実際には耳にする言葉をいくらかわかっているかもしれません。あかちゃんがママのおなかにいるときでさえ、言葉を理解しているのだという人もいます。

読み聞かせが非常に大事だと考えている親でも、いつから読み聞かせを始めるかについては差があるでしょう。最近は、幼児教育、早期教育もさかんで、どんどん早まる方向がトレンドです。

私は、子どもが何かに興味をもってやりたがるなら、どんなに難しいことでも、どんなに早くても、子どものやりたいようにさせますが、親として幼児に教育を与えることはしません。

そんなことよりも、土台づくりがきわめて大切です。土台ができないのに勉強させても、どうにもなりません。とにかく、土台づくりに全力をそそぎます。

６カ月から読み聞かせというと、ずいぶんムチャに聞こえるかもしれませんが、完全にだいじょうぶです。聞くことを求めないからです。読み聞かせしても、６カ月の子どもはわからないかもしれません。わかったとしても、そのお話に興味をもてないかもしれません。読み聞かせ自体が気に入らないかもしれません。

まったくだいじょうぶです。

いってみれば、子どもを抱っこして親が声を出して本を読んでいるだけ。子どもが聞こうと聞くまいと、ただ読んでいる。それだけのことです。

ハルは、ゴロンゴロンところがっていったり、関係ないものを指さして何か言っていたり、聞いていないように見えることも、しばしばありました。そんなとき、「ちゃんと聞きなさい」などと言わず、好きなようにさせています。すると、じょじょに聞くようになっていきました。

読み聞かせを教育の一環だ、と思っていたら、子どもに「聞かせ」たくなるかもしれません。成果を求めたくなるかもしれません。私が考える読み聞かせは、幼児教育でも情操教育でもありません。

ただただ、読んでいるだけで、子どもに何も求めません。

1歳でも絵本のストーリーを理解できるのか？

ハルは最初の子ですから、「読み聞かせが最重要事項だ」がスタートです。

私が子どものころ親しんだ絵本、オススメとしてよく見かける絵本、子どもが本屋さんや図書館で興味をしめす絵本を選んで買っていきました。

3世代読みつがれてきた絵本が力のある良い絵本だ、という意見もあります。私が子どものころすでに定番だった絵本が、だいたいそれに該当します。私は子どものころ親しんだ絵本をよく覚えているので、容易に選べます。

ナナは子どものころ、読み聞かせをあまりしてもらわなかったそうですし、絵本にも親しんでいないので、読みつがれてきた絵本がわからない、と言っています。

ナナ

これは、教育格差の見えにくい部分かもしれません。

親が読み聞かせをしてもらった経験がなく、絵本についてわからないと、子どもに読み聞かせをすることが大切だという意識をもちにくいでしょうし、読み聞かせをしようとしても、本選びに苦労するでしょう。

絵本には対象年齢があります。ストーリーのある絵本を6カ月の子どもに読むのはムチャだと考える人が多いと思います。私はあえて無視。子どもが理解しようとすまいと、聞こうと聞くまいと関係ないのですから。幼児向けに、音を繰り返すような、ストーリーのない絵本もあります。そのようなものも読みましたが、ストーリーのある絵本も、6カ月の子どもに、ふつうに読んでいました。

1歳になるころには、どんな絵本でも、ひざにすわって、あるいは横に寝転んで、じっと聞いていました。どこかへ行ってしまったり関係ないことをして遊んでいたりすることがだんだん減っていきました。1歳でもストーリーを理解しているとはあまり思えませんが、まったくわかっていないわけでもなさそうです。それよりも、親が読んでくれているという、そのいっしょにいるひとときに満足しているようにも見えました。

教育しようとしたら、あたたかい関係が、冷たい関係になってしまうかもしれません。

ナナ

夫の子育ての考え方に対して衝突することはなかった？

妊娠出産の経験を通していろいろな情報を集める中で、子どもが生まれたら読み聞かせをすることは当たり前のように思っていました。独身時代の私は子どもが苦手。夫は学生時代から家庭教師をしていたり、小さい子どもの相手も得意のようでしたので、夫が絵本にも詳しかったのはとても心強かったです。我が家は夫も私も実家がすぐ近くにあるわけではありません。子育ては第一子を授かった時から夫婦でするものと当然のように思っていました。父親として母親として考え方が違う時は、そのつど夫婦で話し合いながら子育てしてきました。

絵本を読んでいると、すごく楽しんで聞いているとみえることが増えてきます。そして、気に入った絵本は、指でさして、「もういっかい」とおねだりします。そういうときには、いくらでも（その前に親が疲れてしまいますが）、エンドレスに同じ絵本を読みつづけます。子どもはずっと楽しそうに聞いています。

オーディオブックやＤＶＤではなくて…

ハルは、言葉を話すのは遅かったです。早い遅いはなんの問題もないのですが。

2歳なかばごろ、言いたいことがあるようで、一生懸命話そうとするのに、「○⇔仝@〆¶△×◆♫^&■#」という宇宙語になってしまいます。さらに一生懸命になって、流ちょうな宇宙語を話します。ごめん、パパは地球人。できれば地球語で、それもできれば日本語でしゃべって。

3歳になるころ、急に地球語を、それもありがたいことに日本語を話しだしました。これまでの宇宙語はなんだったんだ？というぐらい、流ちょうな日本語です。

当時は、童仙房に保育園がありました。ハルは2歳から保育園に通っていました（3年間通って、廃園）。保育士さんは、「筋道だった話し方をしますね。わかりやすくお話ししてくれます」と言っていました。

言葉はやや遅かったけど、話しはじめたとたん、理路整然と話す。これはあきらかに読み聞かせのたまものでしょう。宇宙語だったのは、言葉が出ないのではなくて、一気に理路整然とした話し方をしようとして舌がまわらなかったようです。

ハルが2歳なかばあたりで、絵本から字が中心の本に切りかえはじめました。絵本は、絵があるがゆえに子どもの頭でイメージが固定されてしまう。字が中心の本だと、子どもが自由にイメージをはぐくめる、という意見もあります。私も賛成です。とはいっても、幼児にとって、もとになるイメージがないと想像すらできません。だから、最初は絵本がよいでしょう。ハルの場合、2歳半ごろがちょうどよかったようです。

一気に絵本をやめて字が中心の本に変えたのではありません。少しずつ、字が中心の本の割合を増やしていったのです。

絵本の読み聞かせは、ある意味、知の身体化になっていることに気がつきましたでしょうか？

オーディオブック、あるいはテレビの長寿番組である「まんが日本昔ばなし」のＤＶＤなどで読み聞かせの代わりをする、という考えもあるでしょう。私もよく質問されます。

答えはノーです。オーディオブックも「まんが日本昔ばなし」も、とてもよくできた作品であり商品です。しかし、「独学の力」にはなりえません。身体と無関係だからです。オーディオブックを聞いたり、DVDを見たりすることが悪いのではありません。ただそれで「独学の力」を育成することは無理なのです。念のため、うちの子たちに問うてみました。ナツが即答です。

「やめたほうがいいよ。読み聞かせは子どもが考えながら聞くけど、テレビやオーディオブックは聞き流しがちになってしまう」

あれ⁉ 昔話が圧倒的に少ない！
深刻な幼児の昔話離れ

第1章で、「独学の力」の1つめが「大量の読み聞かせ（昔話）」とお話ししました。ハルが幼いころに読み聞かせしたのは、昔話よりも、創作の児童文学や創作絵本が圧倒的でした。

創作にも良い作品がとてもたくさんあります。だから、しばらく気づきませんでした。

あれ、なんだか、昔話が少なすぎる……。

本屋さんの児童書コーナーを見ても、昔話があまりありません。中堅ぐらいの規模の本屋さんでも、ほとんど昔話が見つからないことがあります。私が子どものころは、昔話がたくさんありました。あとでお話ししますが、本屋さんであまり見つからないのは「本物の昔話」です。改変された昔話なら容易に見つかります。ついでに、文学作品を子ども向けにアレンジした本も、あまり見ません。ないわけではないけれども、探さなければ見つからないぐらいです。

昔話が激減しているように見られることが気になります。「ももたろう」「かちかちやま」「いっすんぼうし」「したきりすずめ」「さるかにがっせん」「はなさかじいさん」「かさじぞう」「うらしまたろう」「つるのおんがえし」……こういうお話（もちろん本物の昔話のことです）を知らない日本人はかつてはいなかったと思いますが、最近の子どもたちはあたりまえのように知っているのだろうか？

不安になって、インターネットで調べてみると、やはり最近の子どもたちは昔話をあまり知らないようですね。

「家庭における幼児の童話・昔話離れ現象の実態」（水野智美・徳田克己）という論文があります。１９９０年、２０００年、２０１０年、２０２０年と、子どもたちが昔話を知っているかどうかが調査されています。１９９０年から２０００年にかけては急激に落ち込み、その後は若干もり返しているようにも見えます。代表的な昔話を誰でも知っているという状況ではないことがうかがえます。

子どもの本はよく売れているようですが、本物の昔話とか、子ども向けの文学作品とかは、絶滅危惧種にすら見えます。

そして私自身、ハルに対して本物の昔話をあまり読んでこなかったことにも気づきました。

昔話と創作話の2つの違い

私は昔話と創作話を対比させながらつかっています。この2つは、まったく別ものなのです。どちらも「子どもの本」とか「児童文学」とか、子ども向けの読み物だと思われがちだし、本屋さんや図書館でもそのように扱われがちですが、昔話は子ども向けのお話ではありません。

昔話は、対象年齢不問です。創作の児童文学は、子ども対象と意識してつくられています。

昔話と創作話の違いは、2点です。
① 昔話には作者がないが、創作話には作者がある。

②昔話は耳で聞くが、創作話は目で読む。

創作話は誰かがつくったお話です。だから作者があります。絵本でも読み物でも、創作話には、「作」とか「作者」という記名があります。本屋さんの子どもの本のコーナーにある本は、絵本も読み物も、圧倒的に創作話が多いです。日本のお話も海外のお話も、創作話がとても多いです。だいたいは有名な児童文学作家さんが書いています。子どものことをよく考えてつくられている作品が多いので、子どもが夢中になりやすかったり、大人が安心して読ませることができる作品が多いです。

一方、昔話は作者不明です。誰かがつくったお話ではなく、はるか昔から無数の人びとが語り伝えてきたお話なので、無数の人びとの知恵が蓄積されている、といっていいのではないかと思います。

一人の偉大な作家がつくったか、名もなき無数の人びとがつくったか、という違いです。無数の知恵の結晶である昔話がほとんどかえりみられなくなっているのは、おそろしいことです。無数の知恵は、重要文化財といってもいいぐらいだと思っています。

昔話には作者がいませんが、本にするなら、誰かが文章に書きとめなければいけません。それを再話といいます。伝わってきたお話を一人の才覚で勝手に変えてはいけません。創作になってはいけません。口で語られてきたお話を、こわすことなく、読みやすい（それをもとに語りやすい）文章にあらわすのです。

昔話の絵本や読み物には、「再話」とか「文」という記名があります（創作話でも作者が「文」と記名されていることがあります）。「ももたろう」や「かちかちやま」などの絵本や読み物を見てください。「作者」とは書かれていないでしょう。

無数の知恵といっても、無数の人びとがｚｏｏｍ会議をひらいてお話をつくった、などということはありません。そもそもインターネットがない時代、本すらない時代、もしかすると文字すらない時代から、えんえんと語りついできたのです。

語る人の人生観、経験、思いなんかがこめられて、お話が成長しつづけてきました。同じ人が同じ話を語っても、若いころと年とってからでは、いくらかでも違ってくるでしょう。こうやって、昔話は語られるたびに知恵が蓄積されてきたのです。

「ももたろう」といったって、一つだけ正しい「ももたろう」があるわけではないのです。基本構造が「ももたろう」であって、語り方は千差万別です。大きな桃がどんぶらこっこ、箱に入って流れてきたり、桃だけで流れてきたり、出だしからしていろんなバリエーションがあります。

昔話は書物ではなく、語られてきたお話です。つまり、耳で聞くお話なのです。

創作話は、そうではありません。作家さんがつくったお話がたった一つの正解です。子どもが読みやすいようにほかの人がアレンジしたり、要約したりということがあっても、もとのお話はそのままです。そのお話はあくまでも、作家さんがつくったものだけです。作家さんの才覚によってできたお話です。作家さんですから、本にすることを前提でつくっています。つまり、創作話は目で読むお話なのです。

「あそこに鬼がいそうやなあ」と想像したことの意味

さて、そのような昔話と創作話との違いは、もともと私にもわかっていました。だから、昔話が極端に少なくなっていることに気づきました。ハルに読み聞かせをするうちに、意識して昔話を増やしていきました。

創作話と昔話とでは、子どもの反応が違います。創作話は、子どもが楽しんで聞くという感じ。昔話は、ひきこまれていく感じ。読み聞かせをしていると、昔話には特別な力があると日々、感じられます。

ハルが4歳のとき、同じ年の友だちと散歩をしていて、山をさして「あそこに鬼がいそうやなあ」と言いました。友だちはこう答えました。

「鬼って何？」

そりゃハルも、さすがに鬼は見たことないでしょう。でもハルは、鬼をリアルに想像したのです。このことの意味は大きいのではないでしょうか。存在しないものを想像する力。言いかえると、目に見えないもの、具体的にはわからないものを想像する力。他人を理解する、地球の裏側を理解する、はるかな過去を理解する、未来を予想する、遺伝子を理解する、コンピュータを理解する……。小学4年生以降、急激に求められるようになる抽象概念のきっかけではないかと。

勉強が難しく感じられる理由は、抽象概念を扱うからです。

ものすごく単純に言うと、目に見えないことをどこまでも追求していくのです。足し算、引き算、かけ算は、数え棒で考えることができます。わり算も数え棒で、できなくはない。分数、小数は数え棒では無理ですが、絵を描けばなんとかわかるかも。どんどん数学が進んで、微分、積分、対数、数列なんかは？　頭のなかの世界ですね。わかる者にはわかる。じっさい、数学はわかる人とわからない人が極端にわかれます。

あれ、宗教？　いえ、違います。順に抽象概念を積み上げていったら、誰にでも同じことが理解できるのです。信じるかどうかの問題ではありません。数学以外のどの科目でも抽象概念の積み上げです。

昔話は、あまりに単純で、あまりに深いがゆえに、抽象概念を育成する力があると、私は考えています。

ナツが生まれてハルといっしょに読み聞かせを聞いているのを見るうち、私はこんなことに気づいていきました。やっぱり昔話は非常に大事だ。と思えば思うにつれて、昔話が読み聞かせの中心になっていきました。

読み聞かせの「対象年齢」

絵本や読み物の対象年齢のことをお話ししました。

ハルに読み聞かせを始める際、いろいろと考えたものです。やがて、対象年齢について考えることは無意味だと気づきました。

ハルが2歳半ごろ、ナツが生まれました。ハルに絵本と並行して読み物の読み聞かせを始めた時期です。ナツは生まれた直後から、もしかするとおなかにいるときから、ハルへの読み聞かせを同じように聞いています。

ナツには、お話の対象年齢を考えることがいっさいありませんでした。ハルに読み聞かせを続けるなかに、ナツもそのまま合流していったのです。ストーリーのない幼児向け絵本もときおり読みましたが、ストーリーのある本が中心です。だんだん昔話の割合が大きくなっていきました。

ナツが2歳半ごろ、つまりハルが5歳になるころ、アキが生まれました。ハルやナツに読み聞かせをしているなかにアキも自然と合流していったのです。お話の対象年齢など、どこかへ飛んでいます。5歳離れた3人に同じように読み聞かせをしているので、アキには、最初から昔話全開です。

あとから思うに、それは大正解でした。1人の幼児を目の前にすると、こんなお話を読んでもわかりっこないと思って躊躇《ちゅうちょ》するでしょうが、3人いっしょになると、気にならなくなります。

アキは生まれたときから圧倒的に昔話を浴びつづけました。ハル、ナツ、アキで、読み聞かせにおける昔話の割合が大きく違っていました《ハル、ナツ、アキ、フユ》。感覚的なものですが、それぞれの3歳までで比べると、昔話の割合は、ハルが2割、ナツが5割、アキが8割ぐらいかと。ハルが5歳以降はアキとおなじく昔話8割です。

ハルは小学生になっても読み聞かせを聞いていました。昔話の対象年齢は不問だと言いました。創作話はおおむね対象年齢が想定されているので、年齢が上がってくると読み聞かせを卒業していくでしょう。

読み聞かせというと、幼児限定と考える人が多いようですね。昔話はまったくそんなことはありません。小学生でも中学生でも高校生でも大人でも、いいものです。この後で詳しくお話ししますが、「つくり変えられた昔話」はそもそも昔話ではありません。

読み聞かせをしてもらったいちばん古い記憶は？　自我が生まれる前は？

ハル

はっきり覚えているのは4歳くらいです。自我が芽生える前から読み聞かせすることは子供の認知能力の発達に良いと思っています。

ナツ

一番古い記憶にあるのは4歳頃でしょうか、ほぼ毎日読み聞かせをしてもらっていたと思うので明確にはいえません。父がコロコロと表情を変えながら絵本を読んでくれたこと、川の字に寝ながらきょうだいと母の読み聞かせを聞いていたことなどは覚えています。自我が芽生える前の読み聞かせについては、子どもの側としてはその効果がわかりにくいですが、「意味や流れをもった文章に無理なく日常的に触れる」ところに意義があるのだと思います。

アキ

実のところ、自分が小学3年生ぐらいの頃に、親がフユに読み聞かせをしていたのを横で聞いていたことは、少しだけ覚えていますが、それ以前のことは全然覚えていません。ただ、物心ついた頃には本に馴染みがありました。読み聞かせのおかげなのだと思います。

フユ

読み聞かせをしてもらった一番古い記憶といっても、読み聞かせをしてもらったときのことを、断片的にしか覚えていませんし、時系列もあやふやなので、それが何歳くらいのときのことかよく分からないとしか言えません。自我が芽生える前の読み聞かせは、大切だと思います。

ディズニーの絵本もよく見かけますが、ディズニーはすぐれたエンターテーメントであるものの、昔話ではありません。本屋さんで見かける昔話の絵本や読み聞かせ本には、昔話とはいえないものが多く見受けられます。そのような本を読むこと自体はかまわないのですが、「独学の力」は育成されません。あくまでも本物の昔話が大切なのです。本物の昔話であれば、子どもだけでなく、大人でもじゅうぶん読むにたえられます。

昔話は語られてきたお話なので、本で読むより、語りや読み聞かせにフィットします。中高生や大人に読み聞かせするというと不思議に思うかもしれませんが、創作話や改変された昔話なら、たしかに中高生や大人への読み聞かせはそぐわないでしょう。本物の昔話ならまったくそんなことはありません。

中高生や大人でも、本物の昔話の語りや読み聞かせを聞く機会があるならすばらしいですが、そうでないなら本物の昔話を書物として読んでもいいです。うちの子たちも、本物の昔話を読み聞かせとして浴び続けた後は、だんだん自分で本として読んでいきました。

読み聞かせよりも本として読むほうが、はるかにたくさんの本物の昔話に触れることができます。本物の昔話を、読み聞かせ→自分で読むというステップでとことん浴び続けたいです。

荒唐無稽、残酷、アンチ教訓と思われているが……

創作話はあたたかく、美しく、感動的で、身近に親しめる作品がたくさんあります。

昔話は教訓的だと思っている人もいますが、そんなことありません。「はなさかじい」「こぶとりじいさん」など正直じいさんが幸せになって、いじわるじいさんが不幸になるというお話もあるので、いくらかは教訓に見えるでしょう。

しかし昔話って、そんなものではありません。毒があります。残酷です。なまけ者やウソつきが幸せになります。教訓的どころか、アンチ教訓的なお話もずいぶんあります。現実ばなれした極端を語り、合理性メチャクチャです。合理的、理性的な考えをする人（世間で頭がいいと思われている人）には受け入れがたいかもしれません。心理描写もありません。

昔話はつっこみどころ満載で、まったくスマートではないし、知的にも見えません。だからこそ良いのです。最高に、良いのです。そもそも抽象概念自体が、非現実なのです。なんでもありの、ハチャメチャな昔話、いいじゃないですか。

昔話は、ただたんにメチャクチャなのではありません。そこに無数の知恵があるのです。あってほしい世界、あってほしくない出来事、自然とはこういうものだ、人間とはこういうものだ、というようなことをかくしへだてなく、ありのままに語ります。やりすぎではないか、と思われるものでも手加減なく。

「アンチ教訓的」という言い方をしましたが、じつは私自身はアンチ教訓的な昔話などない、と思っています。教訓的な昔話すらない、と思っています。教訓を期待するのは教訓が好きな大人たちの考えることで、そういう大人たちの期待に反する昔話がアンチ教訓的に見えたりします。私からみれば、昔話には残酷なお話もありません。残酷だの教訓だの非合理だの、そんな視点じたいがまったくナンセンスだと、私は思います。多くの大人にとって残酷やアンチ教訓的にみえる部分を、とりあえず「毒」と表現していますが、私からみると毒ではないことを確認しておきます。

昔話は世界中に伝わっています。それらは日本語でも書物に作られています（大幅に減りましたが）。グリム童話はおおむね昔話です（アンデルセン童話、ペロー童話などは昔話をベースにした創作で、昔話ではありません）。ヨーロッパの昔話がたくさん翻訳されていますが、アジアにもアメリカ大陸にもアフリカにも中東にもどこにでも昔話はあります。

昔話について、「オススメの話」は設定できません。良いお話をセレクトして読むより、できるだけ多様な多数の昔話に触れるほうが良いからです。そもそも「良いお話」という発想に無理がありますが。

変えられた昔話に注意

昔話の本はいろいろとつくられていますが、ニセモノも多いです。

昔話は無数の名もなき人たちが思い思いに語ってきたのだから、ホンモノもニセモノもないだろうと思うかもしれませんが、そんなことありません。昔話を本にする際に、語りを読み物に変えてしまうことがしばしばあります。

昔話の研究者である小澤俊夫さんが警鐘を鳴らしています。素人である私にも、ある程度区別がつきます。

ぜったいダメなのが、つぎの2点。

- 毒抜き。
- 説明。

もうこれ、ぜったいダメです。昔話ではありません。変えられた昔話をいくら読み聞かせしたって、「独学の力」は身につきません。これらは昔話ではなくて創作文学です。創作文学であることはなんの問題もないのですが、昔話にみえる創作文学は、「むかしばなし」と名前がついていても昔話だと錯覚しないように気をつけたいものです。

昔話には、毒があります。残酷、暴力、殺戮《さつりく》、アンチ道徳など、品行方正で立派な大人が見ると、顔をしかめるかもしれませんね。

ところで、そういう立派な大人たちは、生まれたときから立派だった？　ほとんどはそうではないでしょう。子どものころから、いっぱい間違いをやって、しかられて、反省して後悔して、だんだんと学んでいったのではないでしょうか？

昔話と子どもの育ちについては、河合隼雄さんが『昔話と現代』（河合俊雄編、岩波現代文庫、２０１７年）という本でこんなことを言っています。

- 残酷な話を語ったからといって、子どもは残酷にならない。残酷な話をしなかったら、子どもは自ら残酷な話をつくり出す。
- 親があまりにも「衛生無害」の話ばかり与えていると、大きくなってから残酷な行動をとるようになる。子どもは、残酷な話を聞いて自分のものにすることで、残酷なことをする必要がなくなる。
- 語りのなかでいくら残酷な話をしても問題はないが、孤独のなかでネットなどで残酷なものを見ると、心に深刻な影を落とす。

- 昔話を映像によって与えれば、子どもは昔話を自分のものにすることができない。

関係ある部分を要約すると、こんな感じです。私の経験上もまったくそのとおりで、異論はありません。

昔話の研究者である小澤俊夫さんも昔話の毒について同じようなことをおっしゃっています。昔話が何百年、何千年、あるいはそれ以上も人類の間で、世界中で語りつがれ、子どもを育ててきた歴史があります。

近年、昔話の毒が誤解される風潮が強まってきました。映像やマンガの毒と混同されているのも一因だと見ています。

ここで、河合隼雄さんのおっしゃっていることに補足します。

昔話が良くてネットなどがダメだと言っているのではありません。「ネットなど」は「映像、マンガ、断片的な文章」と考えてもいいでしょう。昔話とネットなどで、残酷の扱い方が違うということなのです。

昔話では、「首を切った」といっても、苦しむこともなく血が飛び散ることもありません。「切った首をくっつけた」というと、死んだはずなのに何事もなかったかのように生き返ります。「首を前後さかさまにくっつけてしまったから、ぐるっとまわしてつけなおした」となっても、苦痛もなにもなく平然としています。

昔話の毒は、リアリティがなく、小澤俊夫さんの言葉を借りると、「まるで切り紙細工のよう」に平面的にたんたんと描かれます。残虐性が見えません。だから、そもそも毒ですらないのですが、大人があれこれ想像して毒だと勘違いしています。

「昔話の毒」という言い方をあえてしていますが、そもそも昔話の毒は毒ではありません。毒だという錯覚が蔓延《まんえん》しているので、「毒は抜かなきゃ」となるのでしょう。「昔話の毒」は毒ではなく、その正体は深遠な知なのです。毒であるなら、長い年月、無数の人びとがえんえんと語りつぐことなどあろうはずがありません。大切な知であるからこそ、今に伝わっているのです。

昔話の毒抜きにはおそろしい害があります。毒を抜いちゃダメだって、わかってもらえましたでしょうか？　子ども向けの昔話にはとても多いですよ、毒抜き昔話が。

説明なしのシンプルな語りが抽象思考を育む

昔話には独特の語り口があるということを発見したのが、スイスのマックス・リュティという人で、その理論が書かれた『ヨーロッパの昔話』（岩波文庫、２０１７年）という本を日本語に翻訳したのが小澤俊夫さんです。小澤さんはリュティの理論をたいへんわかりやすく日本で紹介されています。小澤さんの本はとてもたくさんありますが、いちばん新しい『昔話の扉をひらこう』（暮しの手帖社、２０２２年）という本にもわかりやすくていねいに説明されています。

昔話は、シンプルでクリアな語り口を特徴としていて、世界中の昔話に共通する文法のようなものがあります。語るときに、自然とこうならざるをえないというような法則で、どんな民族でもどんな言語でも、意識することなく、似たような語り口になります。

語りでは、説明や描写はしません。「大きな森がありました」といえば、それだけのことで、どんな森かは説明しません。「おじいさん」が出てきても、容姿、着ている服、生い立ち、性格、思想、職業、所得、家族構成など、何もいいません（話に必要なら簡単にいう）。名前すらないことが多いです。登場人物は最小限で、考えも気持ちもほとんど語りません。

わが家のことですが、フユが小学生のころ、自分の読んだ本のあらすじをよく話してくれました。私は一生懸命に聞くのですが、どうもうまく理解できません。フユは、文学作品をそのまま再現して話そうとするのです。読めばわかります。でも、聞くとわからない。「昔話のように、できるだけ単純にして話してみて」とたのんでみました。フユは、そのように話してくれました。なるほど、よくわかります。語りとは、そういうことなんです。

シンプルな語りが、どうして勉強に関係あるのでしょうか？

ちょっと前に「勉強が難しいのは抽象概念を扱うからだ」と書きました。抽象概念とは、ものごとの仕組みを考えたり理解したりすることで、それぞれが別々のものでも、何かしら共通することがあって、その共通点を理解すれば、一気にたくさんのことがらをものにできます。知らないことを考えたり予測したりもできるようになります。

抽象概念とは、バラバラに見えるものごとを極限までシンプルに理解することです。極限までシンプルにみることで、どこまでも広く深く世界を把握できるのです。そうです、そうなんです。昔話が抽象概念をつくるのです。

こういう話、難しかったでしょうか？　では、昔話のように、シンプルにまとめましょう。シンプル・イズ・ベスト。

あれこれ説明してしまっている昔話の本、わりと多いですよ。子どもたちのためを思っているのはわかりますが。

「独学の力」に良いのはどれ？

昔話、伝説、民話

私は「昔話」という言葉を使っていますが、まぎらわしい言葉があります。

まずは「伝説」です。伝説も、語り伝えられてきたお話です。簡単にいうと、こうなります。

- 「昔話」はウソの話。
- 「伝説」はホントの話。

「むかしむかし、あるところに、おじいさんとおばあさんが……」という昔話の語りは、ウソであることをどうどうと宣言しています。宣言を翻訳すると、「いつかわからないし、どこかもわからないし、誰かもわからない」ということになり、ウソをいうから信じるなよ、という開き直り（？）です。

伝説は、時も場所も人も特定します。「江戸時代の初めごろ、あそこの山のてっぺんにある大きな岩で、おきくさんが……」というように、ローカルな地域の歴史を語るかのように伝えられてきました。天狗《てんぐ》などのもののけが登場したり、超常現象が起きたりもしますが、歴史的な事実であるかのように語ります。

昔話と伝説はまったく異なるもので、本屋さんでは「京都の伝説」のような伝説集が売られています。伝説も語りですから、基本的に短いお話が多いです。文学作品ではありません。

昔話は、「めでたし、めでたし」というようなハッピーエンドが多いですが、伝説は、どちらかというと悲劇が目立ちます。悲劇は、その時点で出来事が終了するので、お話として語りやすいのでしょう。

「独学の力」に対してどうか、というと、昔話も伝説も良いと思います。ただ、昔話と伝説はいつもはっきり区別できるものではなく、伝説のような昔話もあります。弘法大師が〇〇してくれた、というお話は伝説のようにみえますが、日本中に同じような話がいくらでもあります。

昔話と伝説をなんとなくあわせて「民話」という言葉が使われています。「民話」とはとてもあいまいな言葉で、何が民話かよくわからないような言葉です。本屋さんで売られている本を見ると、おおむね「昔話+伝説=民話」みたいな意味で使われているようです。そういうことなら、民話も「独学の力」に良いです。

すぐれた昔話絵本は素朴な絵

昔話はとても大切ですが、本屋さんにはあまり置いていません。売れないのでしょう。その理由は、大人たちが昔話の大切さをわからなくなってきたっていうことがいちばん大きいでしょう。ゆゆしき事態です。わが国に大損害をもたらしかねません。

もう一つ、別の視点から見ると、昔話は「むかしのおはなし」だからでしょう。昔話の舞台はだいたい江戸時代ぐらいが中心ですが、もっと古い時代のお話もあります。お話にでてくる舞台背景やアイテムが、今の子には理解しづらいでしょう。

そういうときに役立つのが、絵本です。昔話の絵本は、イメージできない世界を見せてくれるのでありがたいです。

ただ、絵本の絵は正確でなければ意味がありません。かわいいとかおしゃれとかはどうでもよくて、正確であることが何より大事です。お話に出てくる家、風景、動物、家具、人物、服装など、現代とはまるで違うので、それらが正しく描かれていなければいけません。あまり正確とはいえない絵本も多いので注意が必要です。

多くの絵本作家さんがすぐれた絵本を描かれていますが、正確な絵として代表的なのが赤羽末吉さんが描いた絵です。絵の好き嫌いは人によってさまざまでしょうが、正確な絵としては間違いありません。昔話の再話で間違いないのは、小澤俊夫さんの名前が入っている本です。

赤羽末吉さんや小澤俊夫さん以外にもすばらしい絵本・再話はたくさんありますが、とりあえずお二人を基準にして見れば良いと思います。

たとえば、『かちかちやま』（おざわとしお 再話／赤羽末吉 画、福音館書店、１９８８年）や『かちかちやま』（田島征三 絵・文、三起商行〈ミキハウスの絵本〉、１９８７年）は本物の昔話です。幼い子向けにつくられた絵本とくらべてみれば、再話も絵も、あまりの違いに驚かれるのではないでしょうか。

昔話において、毒抜きなどの改変がなされたり、アニメ調・マンガ調の（正確さを念頭におかないような）絵がつくられるのは、幼い子を意識するからだと思われます。大人向けの昔話再話集にはそのような改変がみられません（説明しすぎという改変はありますが）。

幼い子を意識して改変された昔話は、みょうに教訓的、道徳的、教育的です。本物の昔話では悪事によって死にいたるところ、あやまって許してもらいました、というような改変です。イタズラした子が親や先生におこられて「ごめんなさい」という場面を彷彿《ほうふつ》とさせます。毒抜きというのは、教育化をともないがちです。

読み聞かせに使った日本の昔話絵本の一部（伝説を含む）。

昔話は、アンチ教訓、残酷、非合理的であるとわざわざいってきたのは、まさにこの教育化に対抗する意図だったのです。幼い子を意識した昔話絵本にも良いものはありますが、まずは、幼い子を意識しすぎていない絵本、つまり絵がアニメ調でもマンガ調でもない素朴に描かれている絵本を優先して選べばよいでしょう。昔話絵本だけに関していえば、「正確な絵」と「素朴な絵」はだいたいイコールに近いと考えています。

「良い絵本」を厳格に考えすぎると、「大量の読み聞かせ（昔話）」が困難になります。素朴な絵であれば、再話もおおむね改変さが小さくなります。先に、わが家でアキの幼児期の読み聞かせで、「本物の昔話が8割」と書きましたが、逆にいうと、2割は創作話や改変された昔話です。改変された昔話も全否定ではなく、あわせて読んでみれば、大人にとってもお子さんにとっても、その違いがよくわかるでしょう。

読解力がすべての基本

昔話は抽象概念のもとになる、と言いましたが、最近話題の「読解力」も、つまりは抽象概念です。

人によって読み方がいろいろあるとか、感じ方はいろいろだ、というようなものは「読解」ではありません。誰が読んでも、筋道立って理解すれば、同じ解釈にいきつく、というのが読解です。

「読解」は「読む」と「理解」に分解できます。「読む」→「理解」です。途中の矢印が「筋道立って」なのです。この「筋道立って」が抽象概念のプロセスなのです。

抽象概念をどのくらいこなせるか、がつまり読解力に比例します。

昔話によらなくても抽象概念を高度にこなせる人はいくらでもいるので、読解力を上げるために昔話がなくてはならないということはありません。ほかの方法でも読解力を上げることはできます。ほかの方法をもっていない人にとっては、

読み聞かせに使った昔話の本。右下以外はそれぞれ数冊から数十冊のシリーズのうちの一冊。

ほとんどお金がかからず、特別な能力も環境も必要としない昔話の読み聞かせはいかがでしょうか。

昔話をたくさん読み聞かせすれば、抽象概念を扱えるようになり、読解力もどんどん向上していきます。ちなみに、わが家の子たちは4人とも、何もしなくても国語は常によくできていました。ハルは小学生のころ、ほとんど勉強しませんでしたが、それでも国語はなんてことなしによくできていました。国語ができるといっても、難関レベルを除けば、ということなのでご注意を。

「教科書が読めない子どもたち」なら、授業中に先生の話を聞いていてもうまく理解できないはずです。日本語なので、聞いているときには、言葉はわかるでしょう。聞いた内容を理解するには、「筋道立って」というプロセスが必要です。先生の話をじゅうぶん理解できていなければ、授業に出てもなかなか身につかないでしょう。

大人ならピンとくるのではないかと思いますが、仕事をするうえでも、まさに必要な能力です。けっして、子ども時代の勉強にかぎったものではありません。

「独学の力」は学びを加速する

読解力とは、ただたんに国語力ではありません。勉強を理解するもとの力です。独学だけでなく、学校であろうと塾であろうとどんな勉強のしかたでも、勉強のできぐあいを根本的に左右します。

昔話の読み聞かせが、勉強をしていくうえで、もちろん社会にでてからも、致命的なほど重要であることが伝わりましたでしょうか。私が言う「独学の力」はじつはこれだけにとどまりません。学びそのものを加速させるはたらきをします。

ハルは小学生の間、ほとんど勉強しませんでした。この状態だと、回復不可能なほど、どうしようもないほどの落ちこぼれでしょう。小学6年生の途中から小学生の勉強をまとめに始め、高3までかけて小中高の勉強をひととおり終えて、1年半の勉強ブランクがあって大学受験に取りくみ、1年半で三重大学に合格しました。国立大学ですから、共通テストを全教科で受けています。

ナツも、中1から高2にかけてあまり勉強しない状態が続きました。ふつうに考えたら、取り戻すことは不可能でしょう。高2の夏から高校の勉強を始め、現役で不合格となったあと、1浪（高校の勉強を始めて2年半）で再び京都大学教育学部を受験しました。

とても大きなブランクがあっても、取り戻せます。ナツが高2夏に高校の勉強を始めた時点の学力は、進学校の高1にとても及びません。そこからの爆上げぶりは驚異的でした。

京都大学受験生は、幼いころから塾へ通い、中学受験を経て進学校へと歩を進めた人が多いでしょう。ナツはあんないいかげんなことをしていて、2年ほどで京大受験生に追いつきました。しかも、学校も塾も予備校もなく、完全独学です。

大学受験については第5章であらためてお話ししますが、こんなことを可能にするのが「独学の力」なのです。

自然と本好きになっていく子どもたち　読書を始める

「独学の力」の2番目は、大量の読書です。

読書がとても大切だということは、多くの教育関係者や勉強熱心な親がだいたい考えるようですが、子どもに本を読ませるとか、読書好きに育てるなんて、意図してやっていくのは困難です。その証拠に、「どうすれば子どもを本好きにできるか」「どうすれば子どもが本を読むようになるか」といった質問があふれていますし、そのようなテーマの本や記事があちこちにあります。

だから、「大量の読書」が大事だなんて、言われなくてもわかってるし、そんなこと簡単にできるもんじゃない！と怒られそうですね。

うちの子たちは、自然と本好きになっていきました。無理なはたらきかけはしていません。ただただ、昔話を大量に読み聞かせすることで、自然と自分でも読むようになっていったのです。

最初は、読んでもらっている本を自分で読もうとします。昔話は子どもをひきつけるので、自分でも楽しんで読んでいきます。昔話が子どもを読書へ導くという感じです。

ハルは読み聞かせのとき、昔話がぜんぜん足りていませんでしたが、ナツ、アキと進むにつれて昔話の割合が増えていき、ハルは年齢が上がってからもいっしょに読み聞かせを聞いていました。9歳前後で読み聞かせから自然とフェードアウトしていきました。年齢が上がるにつれて昔話に入っていったという感じです。6歳ごろ自分で本を読むようになって、昔話をどんどん読んでいました。

昔話は、子ども向けばかりではありません。大人向けに再話を収録した本もたくさんあります。小学生になると、大人向けの昔話の本を積極的に読んでいました。「昔話っておもしろいなあ」と言っていました。ハルは読み聞かせに飽きたのではなく、自分で読めるようになってくると、どんどんと読書をしたくなっていったのです。

大人向けの昔話の本は良書がたくさんありましたが、多くが絶版になっています。現在入手可能なものとしては、未来社の『新版　日本の民話』シリーズなどがあります。岩波文庫にも世界各地の昔話、民話があります。絶版になった本でも図書館にはあります。司書さんにたずねれば教えてくれるでしょう。

4人の子どもたち、好きな本はそれぞれですが、あきらかにその年齢には難しいだろうという本を求めていました。創作児童文学も、自分で読むようになってからかなり読みました。

私が子どものころに読んだような本は今では多くが絶版になっていますが、中古（古本）では買えます。古い時代の本はしっかりつくられています。今の時代も良い本がたくさんありますが、古い時代ほど重厚な内容の本が目立ちます。子どもたちは、古い時代の本を好みます。私からすると懐かしい本です。

テレビ、ゲーム、スマホよりも太宰やカミュ

読書が進む

小学高学年あたりになってくると、子ども向けの本ではものたりなく感じるようで、大人向けの本を読みたがります。そのなかでも、文学の割合がだんだん大きくなっていきました。

文学といっても、重厚なものを好みます。高度経済成長期あたりでは、世界文学全集と

か日本文学全集とか、函入りのぶ厚い、2段組で小さい字がぎっしりつまった数十冊シリーズがたくさんつくられていました。そういった文学全集に入っているような文学作品です。

中高生の子どもたちが好んで読むのが、夏目漱石、森鷗外、芥川龍之介、太宰治、樋口一葉、ドストエフスキー、スタンダール、千夜一夜物語、ダンテ、シェイクスピア、ディケンズ、バルザック、カエサルのガリア戦記、カミュなどで、びっくりするほどたくさん読んでいます。古文を読めるようになると、『源氏物語』『南総里見八犬伝』『平家物語』『今昔物語』などを古文のままでふつうの読書として読んでいます。英語の原書もいろいろ読んでいます。

このような歴史的名著を日常的にたくさん読んでいたら、読解力がみがかれて当然でしょう。4人とも、テレビもゲームもいくらか楽しみますが、のめりこむことはないようです《アキ、フユ》（↓91ページ）。そもそも私は子どもを管理するのが好きではないので、大きな問題が起きないかぎり、何を考え何をしていても首をつっこまないようにしています。

ホームスクーリングでありながら、子どもたちがどのように過ごしているかをチェックしていないし、把握もしていません。あきらかに言えることが、読書好きになると、テレビを見てもゲームをしてもスマホをしても、ほどほどで本に帰ってくる、ということです。テレビ、ゲーム、スマホ、本のうちで、本がいちばんおもしろい、というようです。

だから、子どもに与えたくないもの3つ、テレビ、ゲーム、スマホについて、何も管理せず、何も心配ありませんでした。自然と、うまくいったのです。

ちなみに、ゲームを親は買い与えてはいませんが、禁止もしていません。子どもたちは小遣いやお年玉で買っていました。とくにハルは数台もっていたようで、小学生時にけっこうゲームをしましたが、中学生以降は生活のバランスがとれてきて、ほどほどにゲームとつきあっているようです。

自己管理ができるなら、ゲームもやったほうがいい、知っておいたほうがいいと、私は考えています。

子どもにふさわしくない内容でも

文豪が書いた歴史的名著の文学作品は、内容がめちゃくちゃ重いです。暴力、殺人、自殺、狂気、裏切り、堕落……この世の悪をコレクションしたかのようにさえ見えます。真善美の真逆のなかにこそ、最高の真善美が見いだせる、というパラダイムがあると思います。だから、歴史的、世界的に評価の高い文学作品ほど、えげつない描写がさけられません。

となると、子どもにそんなものを読ませてもいいのか、と思いませんか？

だいじょうぶです。

先ほど、昔話から毒を抜いたらダメだと言いました。文学作品もそうです。毒があるからこそ良いのです。毒があるからこそ、最高に真なもの、最高に善《よ》いもの、最高に美しいものに近づけるのです。幼いころから毒入り昔話に親しんでいたら、どんな毒にあってもだいじょうぶ。ダメージを受けません。

同年代の子どもが熱中するようなアニメやアイドルには無関心？

アキ　小学生低学年の間は週に１、２時間テレビでアニメを見たり、昭和のアニメをレンタルして見たりしましたが、その後はほとんど見ていません。見ている時は面白いと思いましたが、格別良いとも思えず自然と離れていきました。アイドルなんかには全然興味がありません。昔はあまのじゃく的根性のためにあえて敬遠していたのですが、大きくなるともっと夢中になれる文学という世界ができたので、ついぞ興味が湧きませんでした。

フユ　小学生のころはよくアニメを見ていましたが、中学生になってからはあまり見ていません。アニメに関心がなくなったわけではありませんが、私の中での優先順位が低くなったので、自然と見なくなっただけです。アニメよりも、もっと違うことに面白さを見出していました。アイドルに関しては、関心はありません。まわりにアイドルが好きな人はほとんどいなかったから、アイドルというものをそもそも考えたことすらありませんでした。

わが家でさんざん「毒」をあびて育ってきたフユは、中学生のころ、冤罪《えんざい》や凶悪犯罪に興味をもつようになりました。猟奇的な興味ではなくて、そのような「人のこころ」に興味があるそうです。なぜ、とんでもない事件を起こすにいたったのか、犯人の子どものころからの生育環境、家庭環境など、そして冤罪被害者がどれほど苦しんでいるか、なぜ冤罪がおきるのか、という関心だそうです。

フユのリクエストで、そういう類《たぐい》の本を多数買いました。中3のとき、立命館大学で行われた冤罪のシンポジウムに1人で参加してきました。すごくおもしろくて、大満足で帰ってきました。犯罪学の専門家になってほしいと願っているわけではありませんが、社会について、人間について深く考えていくのは良いことだと思っています。

思いやりのこころ、いたわりのこころを育むのは、まさに「毒」ではないかと思います。「毒」はあきらかに社会や人間の負の側面であり、多面的な視点が抽象概念の育成に、すなわち読解力、「独学の力」に通じていくものです。もしも毒を抜けば、正の側面のみを見ていくこととなり、視野が狭く、または一面的になりかねません。これでは読解などできるはずもなく、独学もとうてい無理です。

幼いころから、順々に毒になれていったら、強い毒にあたってもダメージを受けません。免疫ができているという言い方でいいかもしれません。これは間違えると副作用がありえます。昔話の毒はまずだいじょうぶでしょうが、ささいな毒でも耐えられない子がいるかもしれません。お子さんの様子を見ていればわかるでしょう。耐えられないならいやがるはずです。

お子さんがいやがれば、けっして無理をしないでください。読み聞かせも読書も、おしつけはダメです。うまくいきません。あくまでも、子どもファーストでいきましょう。

念のため書きますが、映像やマンガにもすぐれた作品はたくさんあります。が、それらは「独学の力」とは無関係です。先ほども言ったように、映像やマンガの毒と昔話の毒はまったく別ものです。

昔話の毒は子どもに良い影響を与えます。映像やマンガの毒と混同するとおかしなことになってしまいます。

うちの子たちも、マンガは大好きでとてもたくさん読んでいます。映像も楽しんでいます。たくさん見て、読んできたからこそ、映像やマンガの毒と、昔話の毒は別ものだと、子どもたち自身が認識しています。

文学の毒は一律には言えません。時を超えて読みつがれてきた古い作品ほど、毒が良い影響をもたらすということは、おおむね言えるでしょう。

コラム

子どもたちに聞いてみた。現時点での好きな本ベスト3を挙げるとしたら？

ハルの好きな本ベスト3

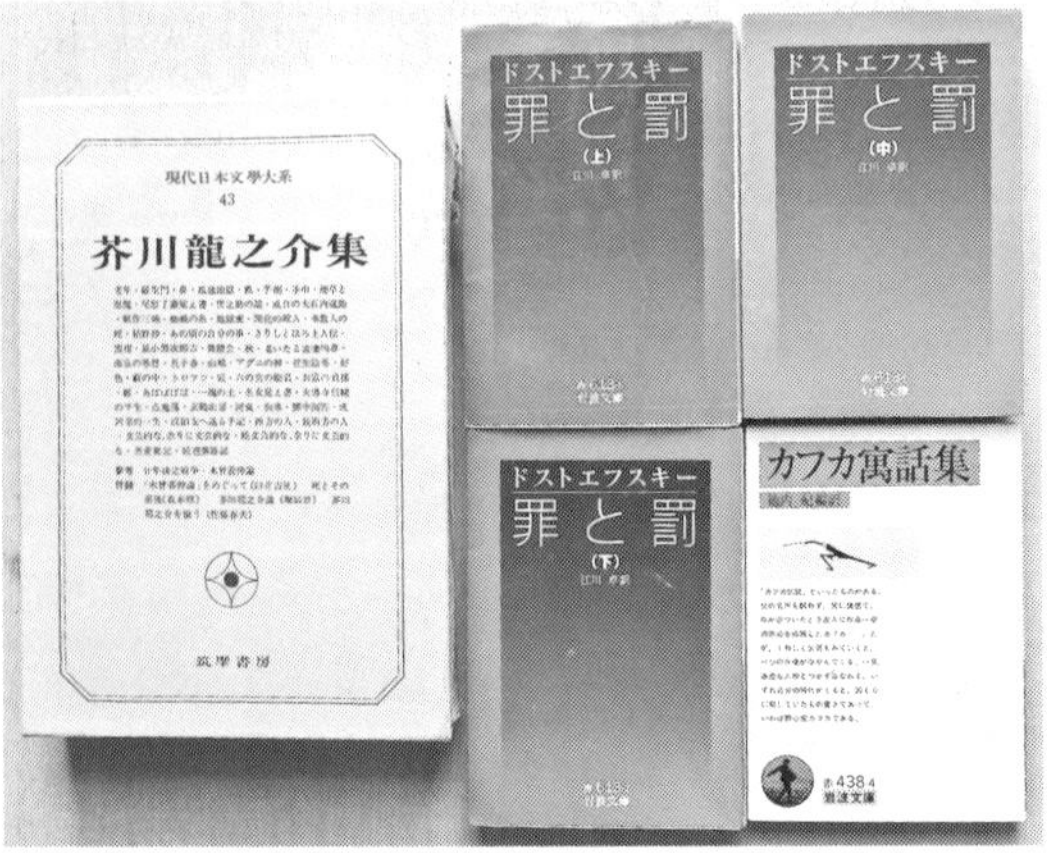

好きな本の1つ目は**芥川龍之介の作品**です。芥川龍之介が好きな理由は、人間に対する風刺が好きだからです。2つ目は**『罪と罰』**です。こちらの作品は、小さい頃に読んで衝撃を受けました。当時読んだ中ではかなり重い内容だったので記憶に残っています。3つ目はカフカの作品、特に**『断食芸人』**です。カフカが好きな理由も、その風刺が好きだからです。

ナツの好きな本ベスト3

好きな本の第一位は**『不思議の国のアリス』**。矛盾した表現や言葉遊びがちりばめられていて何歳になっても面白く読めます。ルイス・キャロルが書いた原作の素晴らしさはもちろんのこと、翻訳家さんたちは英語の言葉遊びを工夫しながら日本語に訳しているので、何種類もの翻訳された物を読み比べてみる楽しさがあるのもこの作品の醍醐味です。二位は**『眠れない一族』**。突然発症する致死性家族性不眠症という病気をこの本で初めて知り驚きました。その原因を追っていく過程の話が興味深かったです。三位は夏目漱石の**『夢十夜』**。一夜ごとに完結したストーリーが繰り広げられていくのですがどれも奇妙でそれぞれの話の世界に引き込まれました。

アキの好きな本ベスト3

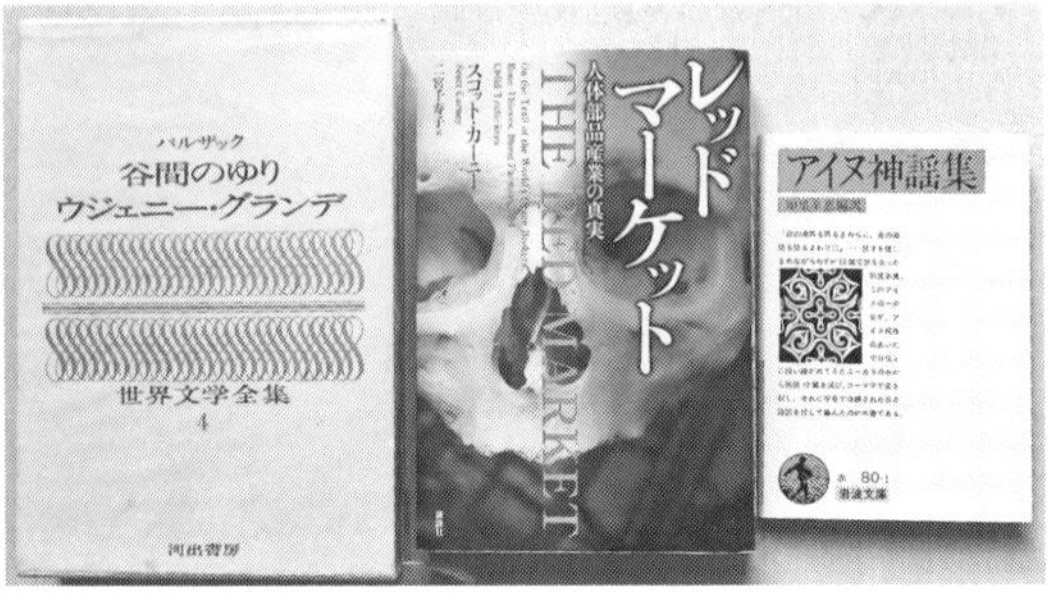

好きな本がありすぎて、とても「ベスト」3は選べませんが、それらの中から「好き」の種類の違いなどを考慮して（好きの度合いだけでは選べませんので）3冊を選ぶと、まず1冊目は、**『谷間のゆり』**です。ちなみにベスト3は決められませんが、1冊だけなら何といってもこの本です。話自体もすばらしいのですが、これに強い思い入れがあるのは、読んだ時の自分の内面の状態が、まさにこういった本を求めていたからです。必要な時に必要な物と出会えたので、言葉に言い表しえぬほどの感動を覚えました。単に展開や人物が良いというより、もっと深い、物語自体の底にある何ものかがたいへん慕わしく感じられました。あとの2冊は、**『アイヌ神謡集』**と**『レッドマーケット　人体部品産業の真実』**です。前者は文化的、民族的な視点での話の形や内容も興味深く、独特の言葉の響きも味わい深いです。後者では、人体とその部分の売買に関していろいろなことを学べて、人間や社会のあるべき姿を考えさせられました。

フユの好きな本ベスト3

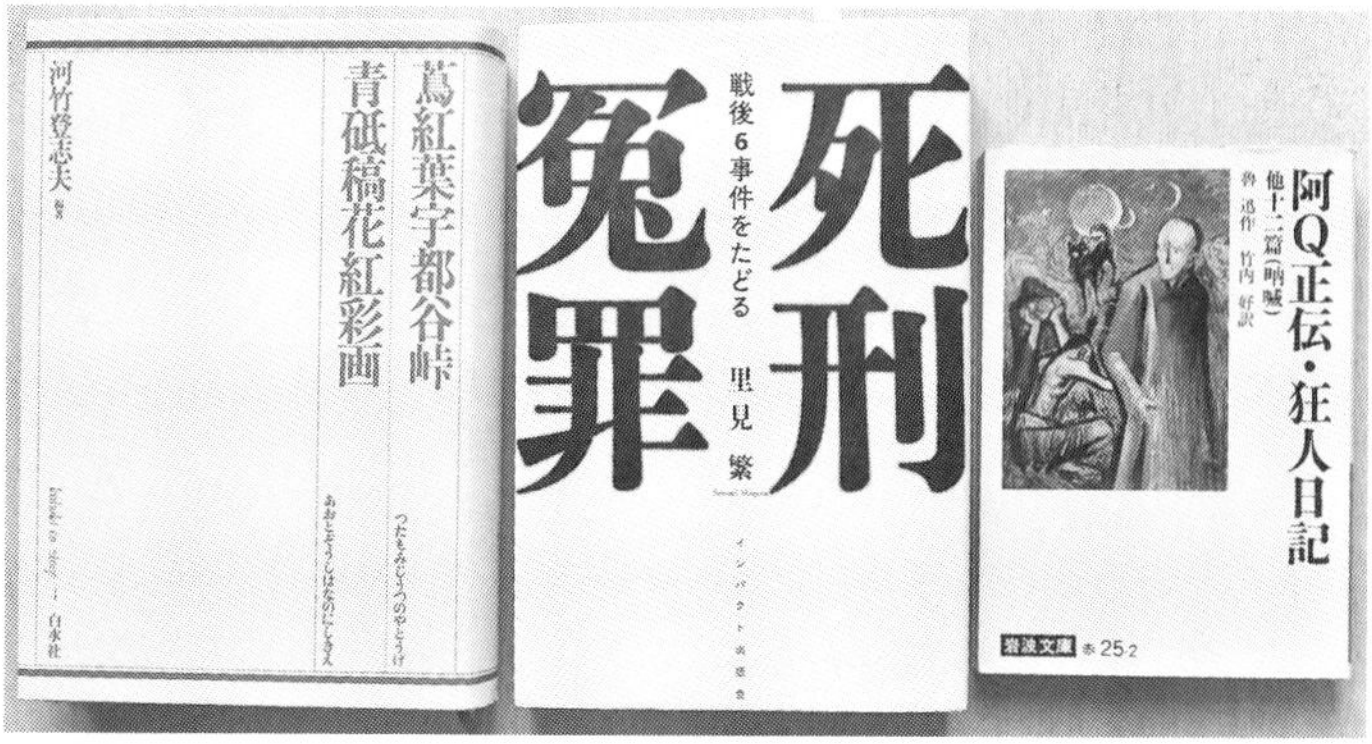

一つ目に好きな本は、**『青砥稿花紅彩画（あおとぞうしはなのにしきえ）』**です。歌舞伎の脚本です。主人公の性格のかっこよさに惹かれました。二つ目に好きな本は、**『死刑冤罪』**です。この本のおかげで、私は冤罪に関心を持つようになりました。強く印象に残っています。三つ目に好きな本は、**『狂人日記』**です。話の書き方や内容に面白みを感じました。

第3章

徹底した「書き写し」で学力をみがく

あえてこの時代に「書き写し」

私は昭和39年、1964年生まれです。私より年配の方に、「子どもに書き写しをさせている」と言うと、「それはいいことをしている」といった反応をする人もいくらかいますが、私より若い人たちに同じことを言っても、ポカンとして、「それってなんの役に立つのですか?」といった反応をします。私の世代の前後で断絶がありそうに見えます。

かつて人類は書き写しを、世界中でふつうにしていました。印刷技術がなかったころは、手で書き写すしか本を複製できなかったので、あたりまえです。文学作品も、聖書や仏教経典などの聖典も、行政文書も、どんどん書き写しました。印刷技術が普及すると、複製づくりのための書き写しは衰退していきました。

コピー機が普及すると、ちょっとした文書も断片も簡単に複製がつくれるので、書き写しの理由がさらになくなりました。ノートも教科書もコピーする。あれもコピー、これもコピー。さらにパソコンが普及すると、手書きそのものをしなくなっていきました。

そんな世の中に、わが家はさからっています。

「独学の力」の3つめは、大量の書き写しです。

もちろん、手書きです。キーボード入力は書き写しではありません。複製や複写の必要があっての書き写しではありません。原稿用紙に、心を落ち着けて、ていねいに書き写す。ただ、それだけです。

知識を活用するために必要な「書く力」

複製や複写の必要があって書き写しをしていた時代には、書き写しの効用が自然と認識されていたようです。

書き写しには、知性をきたえる働きがあります。だから、私より上の世代は、書き写しをしているというだけで、何の説明もないのに、「いいことをしている！」という反応がでます。パソコン全盛時代に書き写しをしたって、無意味でムダな作業にしか見えないという人も多いでしょう。それが、私より若い世代の反応です。世代の違いは、書き写しが知性を鍛えるということを知っているかどうか、です。

「読み書きが基本だ」という言い方は昔から定番でしたが、最近はそれすら言われなくなったかもしれません。パソコン入力がふつうになると、「書く」ことが必要ありません。手書きをしているなんていったら、非効率でムダな作業とバカにされるでしょう。会社や役所で手書き作業をしていたら、ひどく怒られるかもしれません。手書き撲滅運動ですね。

そして、「読む」ことさえ撲滅ぎみです。しっかりした内容の文章を時間をかけてじっくり読むなんて非効率なので、誰かが要約したものにさらっと目をとおすだけ。文書自体がことばの断片。読む時間がもったいない、という世の中ですね。でも、この本は読んでくださいね。

「読み書き」そのものがムダで無意味。そうなると、勉強自体がムダで無意味。ムダを削りつづけると、最後は人生も意味がなくなり、ムダにならざるをえません。

私たちは、生命を受けて、身体をもって生きています。作業や仕事のムダを省いて、効率的にやっていこう、ということはまったくそのとおりでしょう。でも、頭や身体を使うことにムダや無意味をもちこむと、おかしなことになりかねません。

私より年配の方々が、書き写しに対して「いいこと」とコメントしがちなのは、書き写しの効用、すなわち書き写しが頭にいいと知っていたからです。

似た話を、第1章でしましたよね。漢文の素読です。

江戸時代から明治初期のそうそうたる知識人たちは、漢文の素読で骨太の知性を鍛えました。意味がわからなくても、漢文を覚えるまで声を出して読みつづける。いまふうに考えるなら、必要があれば本を見ればいいだけなので、覚えるために多大な労力を使うのはバカげています。ムダで、無意味でしょう。書き写しとおなじ構図です。ムダで無意味に見えるバカげた行為のうしろに、とても大きな、とても大切な「意味」がかくれています。かくれていて見えないものだから、「無」意味だと勘違いします。見えないこととないこととはまったく別ものなのです。

頭で考え、身体で学ぶ。頭で学び、身体で考える。足りないところはインターネットも人工知能も活用しましょう。

まずは、頭であり、身体です。読み書きは、身体を鍛えることであり、身体で学ぶことです。デジタルで代替はできません。

お金がかからない簡単な行為で「独学の力」を積み上げる

書き写しに必要なものは、原稿用紙と鉛筆とお手本だけです。原稿用紙はどんなものでもいいですが、20字20行の４００字詰めが標準です。スーパーやホームセンターの文房具売り場や文房具店なんかでふつうに売っていますし、ごく安いものです。なんなら、パソコンとプリンタがあれば、Ａ４コピー用紙に原稿用紙マスを印刷してもいいです。わが家では原稿用紙を大量に使うので、プリンタで印刷しています。筆記具は鉛筆です。シャーペンやボールペンではダメなのか、と問われても答えにこまります。鉛筆はごく安い文具で、どこででも容易に買えるのに、鉛筆をさける理由もないでしょう。字を書くときの基本です。

書き写しとは、お手本を見て、そのとおりに書くだけなので、何も難しくありません。字が書ければ、誰にでもかんたんにできます。お金もかかりません。改行も、カギカッコも、句読点も、漢字もひらがなもカタカナも、お手本のとおりに、そのままに、原稿用紙に書き写します。

人間とはまったく不思議ないきもので、お金がかかるものほど値打ちがあると錯覚します。難しいことほど価値があると錯覚します。

だから、お金に余裕がなかったり、難しいことができなかったりすると、「わたしって、どうせダメな人間なんだ」とか「ぼくって、生まれつきダメなんだ」とか、自己暗示をかけてしまいます。なんとバカげたことでしょう！　なんともったいないことでしょう！

ほかの方法で高い学力をつけられる人は、それでいいではないですか。そうできない人は、やってみませんか？　安価すぎて、簡単すぎて、信じられないでしょうか？

高額な塾に行けないと学力がつかないと思い込んでいませんか？　高額な塾に行って学

力が伸びることもあるでしょう。じっさい、そういう人も多いでしょう。「○○塾では△△高校に１００人合格」というような実績が示されますね。りっぱな実績です。一方で、「○○塾に行かなければ△△高校に合格できない」とはひとことも語っていないのですが、そこのところを、誤解しがちです。

お金がなくて、あるいは学力がたりなくて○○塾に行けない人も、だいじょうぶ。「独学の力」を積み上げていけば、どんな未来もひらけます。

エリートに急速に近づく力

ハルもナツも、勉強において、とんでもないブランクをつくってしまいました。親として、絶望に近いものを感じました。ああ、ホームスクーリングは失敗だなって。でも学校に行っていても落ちこぼれていただろうなって。

けっきょくハルは三重大学に合格し、大学生活をエンジョイしています。大学合格後、書き写しについてハルに聞いてみました。すると、「書き写しがなかったら、自分がなくなっちゃう」ハル と感動的な名言をはきました。

ナツは、京都大学めざして一浪中に、模試の成績が爆上げとなり、京都大学合格可能性が五分五分ぐらいになって、京大受験生においつきました。「書き写しがなかったら、そもそも京都大学に挑戦することすらできなかった」って、これまた感動的な名言をはきました《ナツ》。

バカバカしいほど安価で、バカバカしいほど容易な書き写しはおそるべきパワーの源泉です。高額な塾に長年通いつづけてきた「デキる子」たちに短期間で追いついたのですから。

ちなみに、アキとフユは、安定して書き写しを積み上げてきたうえに、勉強のブランクがありません。

中3時点の模試の成績は、京都府で最も偏差値が高い公立高校の進学コースに合格が望める程度です。ホームスクーリングですから高校受験はしませんが。アキは高校生の模試も受けていますが、京大現役合格の私が経験したことのない成績です。

書き写し、おそるべし！

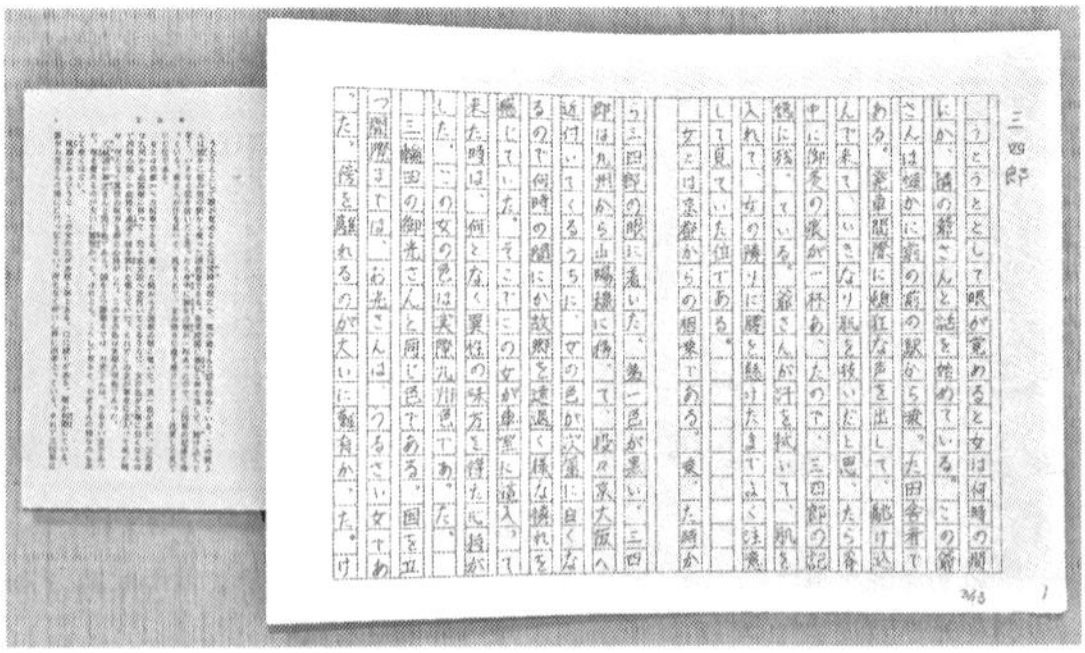
ナツの書き写し（夏目漱石『三四郎』）。

３０００枚で世界が変わる

私が大学生になったころ、「３０００枚書き写すか創作を書くかすれば、文章で困らなくなる。文章で仕事をしていける」と、どこかで読んで、一念発起、原稿用紙を３０００

「書き写し」について、なぜ大切だと思ったのか？

ハル　自分の中で一番優れていると自覚できる部分が書き写しであり、振り返って見ると他の勉強も書き写しの結果実力が底上げされていると自覚できたので、書き写しがなければ何もできない人間になっていたと思ったからです。

ナツ　京都大学の入試問題は記述量が多いことに特徴があります。長文を書こうとするとどうしてもわかりにくくなることがあるため、一見英語力が肝のような英語も、和訳する時に読みやすい日本語を書く必要があり、国語力も非常に重要になってきます。数学も数式を書くだけでなく日本語で論理的に説明する必要があるため国語力が必要です。どの科目も高度な知識とともに国語力が求められます。試験勉強を始めた時点では、私は勉強が遅れていたため高度な知識の部分では京都大学の入試問題に歯が立ちませんでした。それでも目指そうと思えたのはすでに国語力が付いており、長い回答を書くことは全く苦にならなかったからです。知識だけつければ模試の成績はどんどん上がっていきました。

枚買いました。

購入時、原稿用紙はダンボール箱に入っていました。そして毎日、数枚から十数枚ずつ文学作品を書き写しました。お手本は近年の作品ではなく、終戦以前の作品です。1600枚まで書いて、就職し、書き写しは中断しました。中高生でも書き写しをしていたので、トータルすれば3000枚はクリアしているはずです。

古典は知の宝庫であるとよく言われます。文学であれ学術であれ思想であれ、時を超えて読みつがれていくのは難しいことです。

本が出版されても多くは数年程度で絶版になります。50年前に書かれた本のうちで、現在も読みつがれているものはごくわずかです。100年前に書かれた本となると、もっとわずかです。200年前、500年前、1000年前ともなるとさらに厳しいです。源氏物語や今昔物語レベルです。1300年前ともなると、万葉集、古事記、日本書紀です。2000年前ともなると、日本国内には現存している著作がありません。文字があったかどうかも定かではありません。世界で見れば聖書、仏教経典などが相当します。

古ければ古いほど、時の経過にみあった深遠な知が蓄積されています。書き写しにおいても、できるならば古い作品ほど良いと考えています。明治初期よりさかのぼれば文語体になるので、明治なかば以降の作品が対象です。

大人になってからも、書くことはまったく苦になりません。私自身がこうやって書き写しで人生をつくってきたので、子どもたちには、一にも二にも書き写しをさせました。小学生になるかならないかの時期からです。

ちなみに私も現在、書き写しを続けています。

ハルは、勉強大嫌いで、書き写しも嫌いでした。本を読むことは大好きなのに。読めるけど、書けない。書けなくてもお手本を見てマネすればいいだけなので、できないわけではない。でも、嫌い。

まあ、そういわずに、ちょっとでいいからやってみな、となだめすかして、匍匐《ほふく》前進。1日原稿用紙1枚、とはいかずに、数日で1枚ぐらい。でも、書き写しをまったくしなかったら、ずっとゼロのままです。3日で1枚なら、1年で100枚です。5年で500枚。こんなに書く小学生はなかなかいないでしょう。ハルがいかにして勉強するようになったか、第4章であらためてお話しします。

ハルは小6の途中から毎日1枚ずつ書くようになり、中1のなかばからは、毎日2枚ずつ書くようになりました。激変です。

1日1枚なら1年で300枚です。1日2枚なら1年で600枚です。高3までこの調子で続けていました。書けない日もあるので、計算どおりではありませんが、高3までに少なく見つもっても３０００枚以上は書いたでしょう。書き写しとは別に、中１からは作文を毎日１枚ずつ書いていました。

ナツとアキは小学生になるより1年ほど前から書き写しを始めました。上の子がやっているのを見て、自分からやりたいと言い出したのです。ナツは、中高生で3年半ほどあまり勉強しない時期がありましたが、その間も書き写しは継続していました。大学受験のための受験勉強を始めてからは書き写しを中断しましたが、３０００枚は書いたと思います。

フユは字を書くことが遅れましたが、ナツとアキが楽しそうに書き写しをしているのを見て、やりたい気持ちがおおきくなり、小1ごろから始めました。

アキとフユは、読書量もすさまじく、文豪の文学作品を楽しんで書いていました。夏目漱石、芥川龍

アキが中学生のころ書いた創作原稿、約 1500 枚。

之介、太宰治などです。そして創作意欲もつのり、小説をたくさん書いています。

アキもフユも、書き写しは何枚書いたでしょう？　アキは高3、フユは高1です。3000枚は書いたと思います。創作もふくめたら、その倍を超えそうです。

書き写しは型をつくる

守破離の守

どんな本を書き写せばいいでしょう？

絶対的な答えがあるわけではありません。私の考えをお話ししますが、「これが正解で、これ以外はダメだ」というものではありません。

書き写しとはマネです。日本では、伝統文化に茶道、華道、柔道、弓道、剣道、武道など、いろんな「なんとか道」があります。これらの修業過程は同じようなもので、守破離と言われます。ひたすら師匠のマネをして型を徹底的に身につける「守」の段階、次は自分に合った型を探し求め、型を「破」る段階、最後は型から「離」れて新しい境地にいたる段階。マネから始まり、究極の創造です。

人は無から有を生みだすことはできません。先人の蓄積を受け継いで、そこに新しい何かを見いだすのです。これは、日本の伝統的な学び方です。

もうおわかりですね。書き写しは、「守」なのです。自分のなかに、型をつくることです。型にはめてしまえば、創造性も独創性もなくなるのではないか? 違います。型を喪失するから、創造性も独創性もなくなるのです。第1章で紹介した唐木順三さんの『現代史への試み』でも、「型の喪失」の問題点が論じられています。

書き写しは、自分の中に、型をつくることですから、つくりたい型を書き写しのお手本としなければなりません。ヘタな文章を書き写せば、ヘタな型ができます。夏目漱石を書き写せば、漱石が型になります。文体だけではありません。漱石が何を考えてどう生きてきたか、生き様そのものが、型となって私をつくるのです。

書き写しのためのオススメお手本

書き写しを始める時期は、字が書けるようになってからです。小1か、その少し前ぐらいです。その子に読める児童文学がいいでしょう。

じつは、書き写しでも、昔話は有効です。ただ、第2章でも述べたように、昔話には変えられたものも多く、変えられた昔話を書き写ししたってダメです。良質な再話でないと、良い型になりえません。

あれこれ悩むなら、オススメは教科書です。教科書は、型としても非常に良質です。一流の先生がたが、子どもたちのために力を尽くして書きあげたのが教科書です。国語の教科書がいいですが、ほかの科目でもいいです。小学生の間は、教科書に特化してもいいと思います。

本を読めるようになってきたら、文学作品がオススメです。先述した理由により、古い文豪が良いでしょう。翻訳はオススメできません。原書がどれほどすばらしくても、日本語訳は訳者さんの文章だからです。すばらしい訳者さんもおおぜいいますが、型としてどうか、というと難しいです。明治から戦前あたりの日本の文豪さん。おおぜいいます。

もし迷ったら、夏目漱石はいかがでしょうか。型として申し分ないと思います。漱石の『こころ』は高校の国語の教科書の定番ですね。文庫本だとコーヒー1杯ぐらいの価格です。毎日1枚ずつ書き写ししたら、たっぷり1年分以上あります。コスパも申し分なし。

「あのライン」突破をめざそう　書き写しの作法

どうやって書き写しをしていけばいいでしょう？

難しく考える必要はありません。横にお手本をおいて、お手本を見ながら、原稿用紙にそのまま書いていく。これだけです。落ち着いて、ていねいに書きましょう。私は1枚書くのに15分ぐらいです。いくら時間をかけてもかまいませんが、しんどいやり方をしていたら続けるのが困難になってしまいます。

1日1枚でいいと思います。私は大学生のころ、毎日10枚前後書きましたが、2時間ほどかかります。続けることのほうが大事です。1日1枚なら、1年で300枚。10年で3000枚。塵《ちり》も積もれば山となる、ですね。小中高と書き写しを継続すれば、わけなく到達できます。

100枚や200枚書いても、たぶん変化を感じないでしょう。1000枚書けば、何かしら変化を感じると思います。2000枚書けば、文章を書くことで悩まなくてもよくなるでしょう。

多くの中学校では夏休みの宿題として読書感想

書き写し3000枚はこのボリューム。
一番上はフユの書き写し（太宰治『お伽草子』）。

文を原稿用紙に3枚程度書きなさい、というのがあるでしょう。3枚を書けずに悩む子がおおぜいいます《アキ、フユ》。そんな悩みは消えてなくなります。3000枚書いたら、「あのライン」を越えます。どのような文章でも書けるでしょう。

そればかりか、重く深い文学作品をお手本にしつづけたら、人として鍛えられます。立派な人間になれるという意味ではありません。自分の頭で考え、世の中のことを他人事《ひとごと》ではなく我がこととして引き受けられるような、それこそ骨太の知性が身につきます。独創性、創造性を育んでいけるでしょう。生きる意欲もどんどん強くなっていくでしょう。

ほんとうに書き写しで文章がうまくなるのか？　「あのライン」とは？

アキ

「あのライン」といっても、毎日何も意識せずこつこつと書き写しをしていればいつ3000枚を超えたかどうか分かりませんし、やっている間は「昨日と比べて今日はずっと文章が書けるようになっている！」なんていう変化もありませんが、ふっと気づいてみると、文章を書くのに何の苦労もしていません。それどころか、長い文を書かねばならないほど書きやすくなって、楽しくなります。中1や中2のころには原稿用紙600枚分ぐらいの物語も普通に書いていました。それもあるときなどは、2ヶ月あまりで、です。

フユ

以前に書いた文章と比べて、より分かりやすい文章が書けるようになったと思います。風景や人物描写も自然と前よりも美しく書けるようになりました。また、書き写しした作品の影響を受けていると、文章を書いていて実感するようになりました。

これは、私が思いつきで言っているのではなく、先人たちがそのように知性をみがいてきたのです。守破離の守です。

楽しく書き写しが続けられる2つの理由

書き写しを始めるには、早ければ小学1年生ごろでしょう。では、中学生、高校生、あるいは大人になってからでは無意味？　そんなことありません。何歳からでも大人でもだいじょうぶです。

現在は、なんでもかんでも早い・速いことがいいという風潮なので、「3カ月速習コース」みたいなのが大はやりです。書き写しはいい意味で時代錯誤です。「いい意味で」というのは、時を超えて変わらない原理原則だということです。

守破離の守は、速習は不可能です。えんえんと時間がかかります。人間を鍛えるとか、知性を磨くというのは、時間をかけねばかないません。人間は、ロボットでもコンピュータでもありません。身体も頭も、生命をもった人間はアナログです。

書き写し自体は何も難しいことではないのに、継続は難しい。1枚書き写すのは簡単だけど、3000枚はたいへん難しい。1枚が簡単なのだから、簡単を3000回繰り返すだけ。理屈はそうですが、現実には簡単ではありません。

ハルとナツとアキとフユは、艱難辛苦《かんなんしんく》をのりこえ、七転八倒しながらやりぬいたのかというと、まったくそんなことはありません。楽しむようにして、無理なく続けていけました《ハル、ナツ、フユ》。今からふり返るに、その理由は2つだと思えます。

「書き写し」の楽しさとは？

ハル

もう知っている内容ですが、それでも書き写ししながら読んでいくのは面白いです。書き写しのついでに読んでいるのではなく、読む傍ら書き写しをしているような感覚でした。書き写しと読書が混じっているような感覚で、書き写しの行為自体が楽しいのではなく、書きながら読み進めていくのが面白いです。

ナツ

筋トレとかヨガとか塗り絵とかをちょっと楽しむときを想像してください。目的があるわけでもないし上手にやろうとも思わない、そういうときはゆっくりと楽しむことができると思います。難しいことを考えたりせずに自然とそこに集中していて取り組んだあとにはリラックスしています。私にとっては書き写しも同じです。特に幼いときは「文章が上手になるから」などといわれても実感がわかないし、そのために書き写しをしようとも思えません。勉強として真剣に取り組むこともなく、ただ塗り絵と同じように楽しいからやって、続けているうちに気づいたら文章力が上がっていた感覚です。

フユ

書き写しをしているとき、自分の書く文章が憧れの作家の書く文章に近づけるような気がして、楽しいです。それに書き写ししている文学作品のことが、より理解できるようになりわくわくします。

①大量の読み聞かせ（昔話）と大量の読書があった。
②勉強のなかで、書き写しの優先順位が第一だった。

昔話の読み聞かせ、そして読書が楽しいなら、それを書き写す行為はとうぜん楽しいものとなります。

前提としての読書が苦痛なら、書き写しも苦痛でしょう。継続するには、優先順位が第一でなければ困難でしょう。①により楽しく、②により無理なく続けられるのです。

書き写しはすべての勉強に優先する

大量の読み聞かせ（昔話）と大量の読書がなければ「読む力」が育たず、昔話でなければ人生や世界のとめどない深さにつうじることもなく、書くことのハードルが高くなってしまうでしょう。

これらがあれば、スタートからして書くことのハードルはうんと低くなります。最初から、書くことが楽しいのです。ハルはそうではなかったのですが、昔話の不足が原因だったのでしょう。ハルが途中から激変していくのは、昔話が大量に蓄積されてきたからだと思っています。

書き写しは多くの親には勉強に見えないかもしれません。勉強とは、試験の成績に反映されるものだと思っていませんか？　それもたしかに勉強の一部です。

私は、勉強を広い意味で考えてきました。良い点数をめざすのもいいけど、それは一部にすぎないということで、点数第一から見たら「広い」のです。では何が大事かというと、人間を鍛える、知性を磨くことです。そうなると、何をおいても書き写しが大事だよということです。ほかの勉強はできなくてもいいから、書き写しをいちばんにやろうね、ということです。

書き写しを積み上げていったら、ほかの勉強（教科学習）は、やればできるようになるのです。

スタートが遅れても、ブランクがあっても、だいじょうぶ。塾に行っていなくても、学校へ行っていなくても、だいじょうぶ。誰も勉強を教えてくれなくても、だいじょうぶ。お金がなくても、だいじょうぶ。すごい田舎に住んでいても、だいじょうぶ。教育格差も、だいじょうぶ。

書き写しが楽しくなって、優先順位が第一なら自然と続けられますよ、３０００日。

教科書を書き写すとどうなるのか？

私の父は小学校の先生でした。私が小学生のとき、父も書き写しをすすめていました。父以外にも、書き写しをすすめる人はときおりいたし、本でも書き写しが良いという主張を見かけました。私より上の世代には書き写しの大切さを理解する人たちがいたのです。

父は、書き写しの効用として、教科書を書き写すことも言っていました。

「勉強がデキない子には、教科書を書き写させたらいい。すぐにテストの点が上がる」と。国語だけでなく、算数でも社会でも理科でもいいとのこと。

なぜ書き写すだけでテストの点が上がるのか、そのからくりはわかりませんでした。教科書の内容を理解しやすくなるのでしょうか？　「教科書を書き写させていたら、だんだん勉強がわかるようになってきて、勉強がいやでなくなってくる」とも言っていました。

私自身は父が言う方法を試したことがありません。私が子をもつ親になったとき、書き写しが非常に大事だということは確信していたので、小学1年生から4人とも「書き写し」が最も大切と位置づけました。教科書の書き写しは機会がありませんでした。「独学の力」をつけたら、参考書を読んで勉強していくときに、勉強がわからないということが生じないのです。勉強をしないということはあっても、勉強してもわからないという状況がないのです。

ときおり子どもたちに、父から聞いた「教科書を書き写す効用」について話はしました。

数学の参考書を書き写したら理解がぐっと深まった！

アキが高1のとき、数学の書き写しを始めました。父から聞いていただけで、私も子どもたちも、誰も実践したことがありません。

アキは、高校の数学について、旺文社の『総合的研究』というぶ厚い、難易度の高い参考書を使っています。アキは、高1、高2と、年に4回ずつ駿台模試（高校生が受ける模試の最高レベル）を受けました。英数国とも文句のつけようがない成績です。英語、国語はこれ以上大きく伸ばすことが容易ではありませ

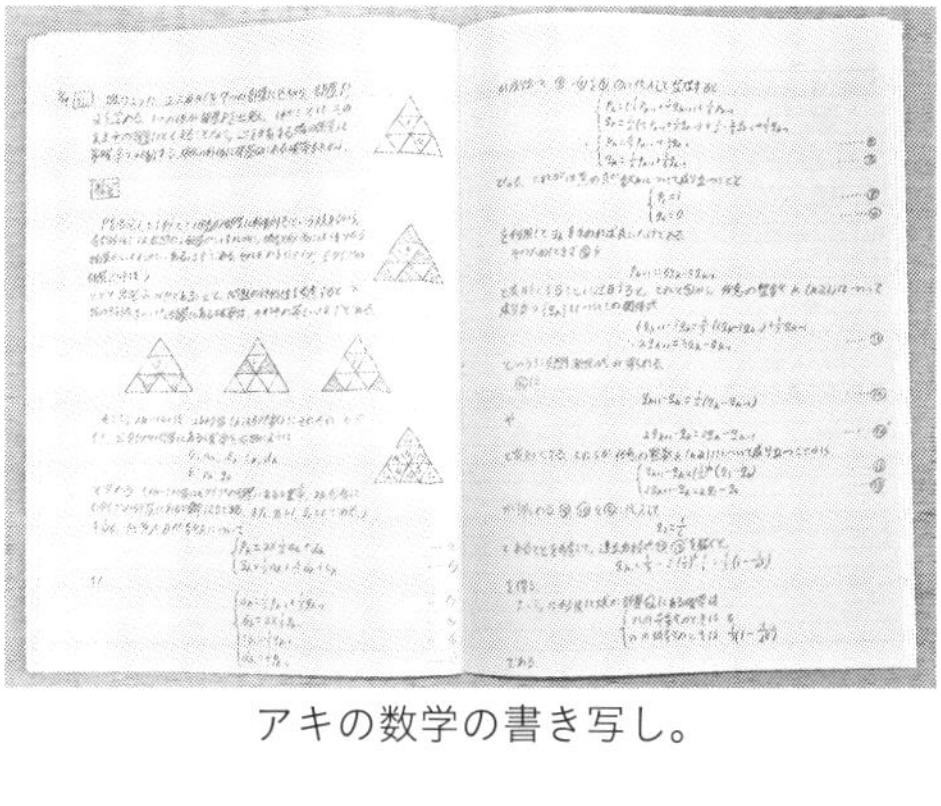

アキの数学の書き写し。

んが、数学はのびしろがあります。

アキ
そのアキが、『総合的研究』をもちいて、数学の書き写しを始めたのです。例題の設問と模範解答をノートに書き写します。数学だから原稿用紙は使えません。横罫線のノートです。最初は1日に1セット、途中から1日に2セットずつ書き写しました。

3カ月ほどすると、数学の理解度に変化が見られるようになってきました。模試の成績にも反映されてきました。中程度の大学入試問題が無敵に近づきつつあります。

それをフユが知って、同じように数学の書き写しを始めました。フユは、中3の夏から高校の勉強に移行し、数学は白チャート（数研出版の『チャート式　基礎演習　数学I＋A』）を使っています。基礎を徹底するつくりで、問題数が多く、ボリュームが大きな参考書です。フユも、例題の設問と模範解答のセットを、1日1セットずつ書き写しました。やはり3カ月ぐらいで、数学の理解度が変わってきました。教科書プラスアルファぐらいのレベルまで、無敵に近づきつつあります。

教科書の書き写しは、もしかするとものすごくいいのかもしれません。書き写しというと、文章力強化のイメージがあると思いますが、数学の書き写しは文章力ではありません。

私自身、教科書の書き写しをしたことがないので、なんとも言いかねるところですが、強力な援護を見つけました。

瀬山士郎さんという大学教授が書いた『読む数学記号』（角川ソフィア文庫、2017年）の「文庫版おわりに」にこう書かれています。「以前、世界的数学者の故・小平邦彦氏が、最初分からなかった数学も、何回かノートに書き写してみると内容が分かってくる、という意味のことを書いていました」とのこと。なんと、ドンピシャではないですか。

あとで知ったのですが、この本をきっかけにナツもすでに数学の書き写しをやっていたそうです。高校の勉強を始めて1年間ほど『総合的研究　数学Ⅰ＋A』を書き写しまし

アキ

なぜ「書き写し」で数学の理解が深まるのか？

特に理解しようと思って書き写しているわけではありませんが、まず問題文を書き写して、解答を自分なりに考えてみてから、模範解答を書き写しています。分かりにくいところがあれば手を止めて考え、それから続きを書き写します。復習にもなり、しばらく続けていると、数学の問題が簡単に感じられるようになってきました。以前は数学が一番苦手な科目でしたが、今は一番得意なぐらいです。

ナツ

『読む数学記号』を読んだ理由とは？

我が家のような形でホームスクーリングをしていると、授業などを「聞く」ことがありません。そのため、意味はわかるけど読みがわからない熟語、場所はわかるけど読みがわからない地名、などがそこそこあります。もちろんわからないものは調べます。高校数学で知ることになるたくさんの数学記号も読み方がわからなかったので、読みを調べる為に辞書的にこの本を愛用しています。

た。そういえば、短期間で受験数学に対応できるようになっていったのを、私は不思議に感じていました。書き写しが効いていたのです。

このことについて子どもたちに聞いてみました。私が知らないうちに、いろいろやっていたようです。

たとえばアキは、森鷗外の擬古文（擬古文のうちでも最も難解なもの）が読めなかったころ（中学生）、擬古文の書き写しをしていたら、だんだんと意味がわかるようになってきたと言っています。今はどんな擬古文でもすらすら読んでいます。擬古文とは、明治期の文豪たちの、古くて読みにくい文体のことです。

音読＋書き写しは語学と相性がいい

『読む数学記号』は、数学の書き写しの音読版、すなわち数学の音読をすすめる本です。書き写しと音読、なんとも原始的に見える、古典的な勉強スタイルですね（私はそうは思いませんが）。

音読＋書き写しは、じつは語学と相性がいいです。

中高生が頭をなやます英語ですね。高いお金をはらって塾に行ったり、高額な英語学習教材に手を出したり。それもいいと思います。となると、お金に余裕のないご家庭は、英語がデキなくてもしょうがないよね、なんてあきらめていませんか？

はっきり言いましょう。英語の学力とお金のあるなしは、無関係です。

わが家では、小学生のどこかの段階で、基礎英語を始めました。

ＮＨＫラジオの基礎英語です。ラジオですから、無料です。テキストは数百円です。毎日ラジオを聞くのはしんどいので、１年分、テキストとＣＤをまとめて買い、それを使いました。

基礎英語は非常にすぐれた英語教材だと、英語指導者の多くは言うようです。私が子どものころもそう言われていましたし、今も変わらないようです。テキストとＣＤを買っても１カ月２０００円ほど。これで最高の教材とくれば、コスパ最高！（ＮＨＫとは無関係です）。

すぐれた英語教材だとわかっていても、続けることが難しいです。書き写しと同じです。

うちの子たちには、英語学習を単純化しました。音読と書き写しの徹底。それだけです。各レッスンのダイアログ（英語の文章）を、何度も何度も音読し、暗唱する。テキストを見なくてもスラスラ口をついて英文がでてくるまで繰り返す。

これは江戸時代の最強の学習方法である漢文の素読と同じです。さらに、ダイアログの英文を何度も書いて練習する。何も見なくても英文を書けるまで繰り返す。これだけです。

基礎英語1と2をこうやって徹底しました。

「NHKラジオ基礎英語」で全員英検2級合格

うちの子は、それぞれ英検に合格しています。

ハル　19歳で2級。
ナツ　中3で準2級、高1で2級。
アキ　中2で準2級、中3で2級。
フユ　中3で準2級と2級。

最初に英検を受けることを思いついたのがナツで、それに触発されてハルも受けました。ハルの合格年齢が高いのは、そのときに思いついたからです。アキとフユは、ナツを見て同じように受験し、中学生の間に2級まで合格しました。それぞれ一発合格です。2級合格もある程度余裕があっての合格でした。とくにアキは準1級に合格可能なほど圧倒的な成績でした。

英検の級は、

準2級　高校中級程度
2級　　高校卒業程度
準1級　大学中級程度

とされています。

4人とも、英語を誰からも習わず、完全独学で英検2級です。ナツが言っています。

「基礎英語だけで、英検2級だよ」

もう一度おさらいしましょう。

基礎英語だけというのは、放送を聞いて、音読（暗唱）と書き写し（書き取り）だけです。

音読と書き写しは難しいことでしょうか？　そんなことはありません。やるかやらないかだけであって、難しいからできないという人はいないはずです。

誰にでもできるというだけではありません。ラジオ放送は無料です。テキスト代がかかることが問題なら、基礎英語でなく学校の英語の教科書を使いましょう。完全無料です。

そして毎日、音読と書き写しをやりましょう。これだけで英検2級レベルです。

英検2級は、履歴書に書くことができる最低ラインと言われています。英語が堪能だとはいえなくとも、社会生活からビジネスシーンまでなんとかなるとみなされます。英語を苦にする人が少なくありませんが、そんな世界とはおさらばです。

英語で苦労することがなくなる

もちろん、英語は音読と書き取りですべてが終わりではありません。いってみれば、スタートのようなものです。ここに、文法、単語、英文解釈、英作文、英会話をどんどんみがいていけばいいでしょう。これもまた、「独学の力」があれば、参考書などでいくらでも身につけられます。

ちなみに、英検2級は、大学入試センター試験、共通テストで6割ぐらい得点できるレベルだそうです。6割あれば合格できる大学もあります。

ハルとナツが大学受験をこころざして受験勉強を始めた直後、英語と国語だけで受験できる大学のなかには、ほぼ合格可能という模試の判定がついたところがあります。

「何も勉強しなくても合格できるのか?」って驚いていましたが、「勉強しなくても」ではなく、「『独学の力』があれば、とくに受験勉強をしなくても」なのです。それらの大学は、世間的には難易度が低いとはみられない大学です。

基礎英語は、現在は1、2の2つで中学英語をカバーしています。基礎英語を使うなら、1と2をやることが必要です。文法、単語はどうするのだということなら、やったほうがいいに決まっています。できる人はどんどんやりましょう。

最後に、うちの子たちに確認したところ、基礎英語の音読（暗唱）と書き写し（書き取り）だけで、英検2級に到達できるというのが、4人とも一致した見解です。

英検2級合格を保証はできません。間違いなく言えるのは、英語で苦労することはなくなるということです。

コラム

直接見たり経験ができないものは図鑑で。文化財に触れるには博物館へ。

昔話の読み聞かせでも、読書でも、時代背景やアイテム、動植物などが、今の子にはピンとこないでしょう。

子どもにとって、図鑑はとても大切です。多くの本屋さんで、昔話は悲しくなるような扱いをされていますが、図鑑は充実しています。動物とか乗り物とか、ピンポイントで買うのではなく、コンプリートセットがオススメです。数万円かかりますが、幼少期から図鑑に親しむことは、子どもの人生に大きな影響をあたえるので、非常に安い投資です。

わが家では、ハルが1歳のときに図鑑のコンプリートセットを買いました。ハルは動物が好きで、動物図鑑を日常的に見ていたので、すぐにボロボロになり、同じ図鑑をなんどか買いかえました。動物以外の図鑑も、あればときどき見ます。ときどき見るか、まったく見ないかの差は、金額におきかえることができません。

ナツ、アキ、フユは、そもそも生まれたときから図鑑のコンプリートセットがあったので、自然と図鑑に親しんでいきました。

見ることも経験することもできないもの

を図鑑をとおして知るのだから、大切です。
「独学の力」に図鑑はふくめていませんが、そのわけは、昔話の読み聞かせあって

こその図鑑だからです。デジタル図鑑でなく紙の図鑑でなければいけないことは、もう言うまでもないでしょう。経済的な理由

図鑑がならんだ本棚。中段が当時のコンプリートセット（動物図鑑がとくにいたんでいます）。ちなみに上段は読み聞かせをした昔話の一部。下段は左がテーマ別の図鑑で、右が昔話の絵本の一部。

で図鑑のコンプリートセットを買うことができないなら、図書館を利用しましょう。無料です。

図鑑は何歳から理解できるかなんて、気にしなくてもいいと思います。理解できなくても、ながめるだけでもじゅうぶんです。テレビをながめるより、図鑑をながめたほうがいいに決まっていますから。

家にいながら日常的に「見る」ことができるのが図鑑ですが、実物をリアルで「見る」ことも大切です。

そこで、意識して、動物園、水族館、遺跡、史跡、有名な神社やお寺、博物館、資料館、科学館などに、たくさん行きました。

それらすべてが昔話の理解に生きますが、とくに博物館に注目です。わが国の文化財を守り、公開している場で、だいじな施設なのですが、どこの博物館へ行っても、来場者が少ないです。

レジャーには人がおしかけるのに、文化財には目もくれません。そのおかげでわが家はゆったり見学できるので、それはそれでありがたいことなのですが。

昔話の理解に博物館は大切な存在です。「独学の力」に博物館はふくまれていません。昔話の読み聞かせあってこその博物館です。

ちなみにうちの子たちは、博物館が大好きです。親が無理につれて行くのではなく、子どもたちが行きたがります。そして、熱心に見学しています。

第4章

田舎でスタートした4人の子のホームスクーリング

ホームスクーリングが始まった

第1章から第3章までは、「独学の力」についてお話ししました。大量の読み聞かせ（昔話）、大量の読書、大量の書き写しが「独学の力」をつくります。完全独学は何もないところからいきなり生じたのではありません。「独学の力」があってこそ可能になったのです。

わが家のホームスクーリングが完璧に、理想的に進んできたかのように見えるかもしれませんが、そんなことはまったくありません。迷い、つまずくなかで、なんとかかんとかでした。

２０００年に生まれたハルは2歳から5歳まで3年間、童仙房にあった保育園に通いました。２００６年に小学校と保育園が廃校・廃園となり、南山城村で１つだけの小学校、保育園へ統合されました。童仙房に小学校があったころは、自宅から小学校まで2キロメートルほどで、廃校時には全校生徒14人、複式学級ありです。統合小学校（相楽東部広域連合立南山城小学校）は自宅から10キロメートルほどで、スクールバスで通うことになります。各学年1クラス。生徒数は減り続け、現在では全校生徒60人を割っています。

統合時点で、ハルは保育園をやめました。あと1年保育園に通ってから小学生、という段階です。

もし、この統合問題がなく、童仙房に小学校と保育園が残されていれば、わが家がホームスクーリングを選択することはありませんでした。すると、「独学の力」が見つかることはなく、この本もありません。４人の子どもたちが大学へ行くことは、たぶんなかったでしょう。

京大が来た！　家族外との大切なつながり①

廃校・廃園が決まった２００５年の12月、子どもたちの行く末をどうしたものかとあれこれ考えていました。

年が明けてすぐ、私は京都大学大学院教育学研究科の教授（生涯学習専門）の研究室を訪問しました。山の上の廃校跡に新しいタイプの学校を提案しました。教授は、「おもしろいですね。ちょうどフィールドを探していたところです。何か考えてみます」と。

「フィールドワーク」という言葉をよく見かけると思います。「野外調査」という日本語が近いでしょう。大学が研究や調査活動のために学外に設定した「現場」のことをフィールドというのだと考えればいいと思います。

教授は、誰もが対象となる生涯学習でフィールドを立ち上げてみたいとのこと。教授会で検討し、学部全体として取りくむことにおおむね賛同を得たとのこと。天地がひっくり返るほど驚きました。

3月上旬に、京大グループが童仙房を訪れました。小学校はまだ廃校前です。土曜日ですが校長先生がいらっしゃったので、許可を得て校舎内を見学させていただきました。夜、グループは、童仙房にある民宿「童仙房山荘」に宿泊しました。童仙房の役員たちに来てもらって、京大と地域の初顔合わせとなりました。

どこでもそうだと思いますが、童仙房でも、廃校によって地域が衰退することを案じていました。だから、京大が来てくれることはスーパーウェルカムです。

4月から廃校となり、地域と京大が協働して活動していこうという話になって、野殿《のどの》童仙房生涯学習推進委員会という組織を立ち上げることが決まりました。大学と地域が協定を締結するときは、地域の側はたいがい市町村ですが、われわれのケースは村ではなく自治会です。

6月23日、小学校体育館で、野殿童仙房生涯学習推進委員会の発足調印式が開催されました。京都大学大学院教育学研究科長、童仙房区長、野殿区長が協定書に印を押します。

研究科長（学部長）さんが、遠路、童仙房まで来てくださいました。新聞各社にプレスリリースしておいたので、翌日は各紙に掲載されました。

この調印式には、どこからも予算が出ていません。まったくの手づくり調印式でした。私が初めて研究室を訪れてから、半年足らずです。あまりの急展開ぶりに、めまいがしそうでした。

京大と地域の協定にもとづく活動は２００６年６月に始まり、２０１８年３月に終了しました。12年間も続いたことになります。始まったとき、ハルが５歳、ナツが３歳、アキが０歳、フユはお空の上で見ていたでしょう。終了時にハルは高２、ナツが中２、アキが小６、フユが小４です。わが家のホームスクーリングとともに歩んだようなものです。終了後も、当初の研究グループと地域の関係は続いています。

活動は「生涯学習」なので、決まった内容や形式があるわけではなく、試行錯誤しながら、じつに多様なものでした。

- 京大や他大学の先生方がおおぜい童仙房へ来て、講義、講演をした。
- 多彩な人たち（地域内外、職人、専門家、一般人いろいろ）にお話やワークショップをしていただいた。

- 大学院生が地域住民に聴き取り調査をすることで親しい仲になっていった。
- 京大の学園祭、村の祭りに、京大と地域住民がブースを出した。
- 京大と地域住民で農作業をした。収穫祭も。
- 京大と地域住民で「減災の集い」を開いた。

これでも一部にすぎず、とても列挙しきれません。子どもたちにとっては、大学教授、大学生・院生、なかなか会えないような多様な方々（漁師、料理職人、演劇プロ、紙芝居プロなど など）とさまざまな活動をご一緒させていただきました。小中高校で可能な体験をはるかに突き抜けています。

生協が来た！　家族外との大切なつながり②

京大が初めて童仙房を訪問したのが3月2日。

その2週間後に、10年ぶりという電話をいただきました。

その方は、大阪でアルファコープおおさかという生協の設立に参加し、子どもたちの教育活動を展開していました。自然のなかで農業生産にかかわって学ぶ活動を山梨で長年継続してきたけど、遠いので関西圏でフィールドを探しているとのこと。

私は京大との関わりができつつある話をし、いっしょにどうですかと誘いました。すると、「それはすばらしい！　ぜひとも」と。

4月に、アルファコープの教育活動グループが8人、童仙房へ来て、童仙房の役員たちと会談をもちました。童仙房はスーパーウェルカムです。小学校の廃校舎を拠点として、京大と生協がそれぞれ、地域と活動していくことになりました。京大が教育学部なら、生協も教育活動です。京大と生協も会談し、意見交換しました。

生協の活動は、職員がサポートしつつ、組合員を中心とした活動委員会とスタッフ、さらに大学生等のリーダーがいて、子どもたち（小学生、中学生）で構成されています。生協が用意するのではなく、親たちが中心となってつくっていく活動です。自ら計画し、自ら運営していくという意味で、たいへん生涯学習的な活動です。

生協は、この活動を「がっこう」と呼んでいます。11月の3連休に、2泊3日で「あきのがっこう」を廃校舎で開催しました。畑で作業したり、屋外でご飯をつくったり、椎茸狩りしたり、キャンプファイアーをしたり、散策したり。もりだくさんの3日間でした。

ハルも地元枠で特別に参加させていただきました。

「あきのがっこう」が終わり、家に帰ってから、ハルはしばらくぼーっとしていました。

あまりに楽しく、あまりに充実した3日間だったらしいです。10年ぶりの電話を受けてから8カ月。生協の活動が、童仙房でしっかりと立ち上がりました。

翌年からは年に2、3回、宿泊型の「がっこう」が開催されました。私有林を活動で使えることとなり、森の活動も加わりました。日帰りの活動も増えていきました。

「がっこう」をやっていくには、スタッフたちが準備等でなんども童仙房に来ます。日帰りのこともあれば泊まりのことも。森の整備も「がっこう」とは別で、有志が集まって進めました。森の中にテントをもちこんで泊まりこみ、整備活動をしたり、子連れの大人たちが子どものようにわいわいと楽しく遊んで活動していました。

私の子どもたちも、「がっこう」のほか、「がっこう」以外の準備や整備にも参加しました。家族ぐるみです。ゼロ歳児でもクーハンに入れて森へつれていきました。

アルファコープは「生活クラブ生協大阪」となって、現在も童仙房での活動が続いています。

積水化学グループが来た！

家族外との大切なつながり③

2008年から京都府のモデルフォレスト事業（持続可能な地域・森林づくりの実践活動）の一

環として、積水化学グループが童仙房の森へ森林保全活動に来るようになりました。年に3、4回程度、社員さんやご家族が数十人来て、間伐などをします。

昼食は、羽釜を使って自分たちでつくります。大人が中心ですが、お子さまも数人来ることがあります。

うちの子たちも、当初よりずっと参加し続けています。大人たちとご飯づくりをしたり、みんなで山歩きをしたり、邪魔にならないようにして作業に加わったり、来られたお子さま方と遊んだり。活動は形をかえながらずっと続いています。コロナ禍では休止していますが。

京大、生協、積水化学グループというとても大きな存在が継続して童仙房へ来てくれたことは、うちの子たちにとって、とてもありがたかったです。

ホームスクーリングは、家族外とのつながりが希薄になりかねないところ、まったくその心配がありませんでした。毎週、忙しいぐらいにさまざまな活動があり、大人も子どもも多様な方々と交流し、充実していました。

ホームスクーリングは生涯学習のように

2006年は、翌年にハルが小学生となることをひかえ、どうするか決断しなければいけない時期でした。

さまざまな選択肢を検討し、最もありえない選択肢にかたむいていきました。ホームスクーリングです。

京大グループは生涯学習活動として童仙房へ来ていました。学校教育では先生と生徒が固定されます。学ぶべきことがらが定められ、定められたことがらをどのくらい習得できたか評価されます。カリキュラムや時間割は定まっており、クラスの全員が同じことをします。

生涯学習は、何も定まっていません。自分が学ぶことを選び、自分が学び方を定め、望むだけ、望むように、いつでも、どこでも、誰からでも学ぶ。こんなイメージでしょうか。どこまででも、無制限に、永遠に学びが拡大し、継続していく。終わりがない。完成がない。だからこそ生涯学習なのだ、と私は理解しました。わが子に望む学びのスタイルは、こういうものではないのだろうか。

これは、試験のため、受験のための勉強とは異質なものです。勉強とはほんらい、こうあるべきものではないだろうかと、思います。

ホームスクーリングについては第6章であらためて書きますが、こうやって、慎重に、こわごわと、じっくり考えながら、2006年秋に決断しました。

ハルに打診したところ、やってみようという反応でした。ハルがイヤだと言えば、ホームスクーリングは選択していません。ちなみに、わが家は京大の活動に参加はしたものの、京大がわが家のホームスクーリングに関与することはありませんでした。

わが家がホームスクーリングを始めたのは、小学校統合が理由ではありません。統合をきっかけとして、勉強について一生懸命考えて、あるべき姿の、ほんとうの勉強を求めてみたいと考えてのことです。

ハル

なぜ、小学校へ行かずにホームスクーリングを選んだのか？

保育園児の時は地元の小学校自体には憧れていました。ただし憧れていた理由は学校が気に入っていたからではなく、学校が年上の象徴のようなものだったからです。実際その後学校の見学をしたときは好きになれる要素は見つかりませんでした。ホームスクーリングを提案された時はその意味をよく理解していませんでしたが、学校自体に面白い部分はなかったのでホームスクーリングを選びました。ホームスクーリングを始めてから学校と比較すると、学校はスケジュール管理が厳しく合わないと感じました。

2007年春から、ホームスクーリングが始まりました。

いきなり、こけた

「こういう勉強、嫌い。やりたくない」

試験や受験と無縁で、誰とも競わず、強制されず、どこまでもじっくり学んでいく。理想ですが、理想どおりいかないのが現実です。

勉強を強制したら意味がありません。スケジュールやカリキュラムにもとづいてやっていくなら、学校へ行ったほうがいい。私はもともと子どもを管理したり監視したりするのは好きではありません。

それなら、自分で思うように勉強してみろ、ということになるのですが、ハルは小学1年生。広い意味の勉強は大好きです。家の外は自然ばかりなので、探検。虫をつかまえたり、動物の痕跡《こんせき》をたどったり。工作も好きです。道具と素材はいくらでも買い与えました。文房具だけでなく、大工道具、電気パーツなど。

読書も好きです。創作児童文学も昔話もたくさん読みました。大人向けの本も小1で読んでいました。ハルの幼少期に昔話の読み聞かせが足りませんでしたが、小学生になってから、ものすごくたくさん自分で読むようになりました。子ども向けでない昔話も、びっくりする勢いで読んでいました。好奇心旺盛《おうせい》で意欲的に学んでいました。ある意味、理想どおりかも。

けれども、せまい意味の勉強、つまり学校教育でいう勉強は大嫌いでした。私は早期教育には否定的で、急いで勉強しなくても、その子のペースで進めたらいい、という考えなので、どんどん教科学習をしなくてもかまいません。ただ、計算とか漢字とかは毎日少しずつでもやったほうがいい。計算シートや漢字シートをプリンタで印刷して、１日１枚ずつやっていこうよ、と誘いました。

こういう勉強、嫌い。やりたくない。

無理強いしない主義なので、仕方がないのですが、なかなかやりません。

計算や漢字はやらなくてもいいけど、書き写しだけはやろうよ、って誘っても、これも嫌い。ハルが好きな創作児童文学をお手本として、１日１枚でいいから、と誘うのですが、なかなかやりません。ほかの勉強はともかく、書き写しは圧倒的に重要なので、強制にならないよう気をつけながら、しつこく誘います。

うるさいな～というオーラまるだしで、数日に１枚ぐらい、おつきあいのようにして書き写しします。計算や漢字はほとんどやりません。

子育てや教育で親としていちばん大切な資質は忍耐だろうと思っていますが、ホームスクーリングの始まりから、忍耐の日々でした。

続く2人は順調

「べんきょう、だいすき！」

ハルが1年、2年、3年と進んでも、状況は変わらず。ハルが小学3年生になると、ナツが小学生の前年です。

ナツにはハルよりも昔話を多く読み聞かせてきました。4歳ごろから自分でも本を読むようになり、創作児童文学や昔話をたくさん読みました。ナツはハルの逆で、「べんきょう、だいすき！」といつも言っていて、幼児向けの字の練習帳などを欲しがったから、本人がやりたがるものをやりたがるだけ買いました。

この時期から、書き写しも始めました。自分でやりたがったのです。小1前から、漢字シートも計算シートもやっていました。無理強いなしです。誘うこともなし。親はだまって見ているだけ。なんと、ありがたい！

ハルが5年生になると、ナツが2年生、アキが小学生の前年です。

アキは生後すぐから昔話を中心に読み聞かせました。ナツと同じように、早くから自分でも本を読み、「べんきょう、だいすき！」でした。書き写しも計算シートも漢字シートも小学生前から楽しそうにやっていました。

ナツとアキは、親がなんのはたらきかけをしなくとも、誰も何も教えなくても、どんどん勉強が進んでいきます《ナツ、アキ》。せまい意味の勉強も、ひろい意味の勉強も大好きです。これは、昔話の読み聞かせを大量にしてきたことと、書き写しを大量に蓄積しつつあることによります。日々、2人を観察していて、あきらかでした。

先ほどからお話ししている「独学の力」があるがゆえです。「独学の力」がなければ、小1前からの独学は不可能でしたし、ナツにもアキにも自然と学習意欲がそなわることはなかったでしょう。

ハルは、あいかわらずほとんど勉強しません。

なぜ自ら勉強することができたのか？

ナツ

文字が書けたり足し算ができることがかっこいいことに思え、どんどん新しいことを覚えようとしていました。それに加えて算数も国語もお絵かきやパズルの延長のような感覚でしたので、勉強だと強く意識することもなく楽しんでいました。

アキ

どうして自分が進んで勉強していたのかは、なにしろ物心がつくかどうかぐらいの昔のことですから、自分ではよく分かりません。ただ、いろいろ考えを突きつめてみると、やはり本文にあるように読み聞かせと書き写しのおかげのように思われます。

小4ぐらいになってくると、親として不安が高じてきました。このまま、忍耐を続けてもいいものなのだろうか？

『自由自在』を自由自在に使いこなす

第1章でも書きましたが、小学生の勉強は、『自由自在』というぶ厚い参考書を中心に使いました。2学年ごと、科目ごとに1冊ずつです。

小1、小2は算数のみ。小3、小4は国語、算数、理科、社会。小5、小6も国語、算数、理科、社会。

ナツとアキは、小1から算数を独学です。計算のしかたはすぐにマスターし、練習問題でどんどん慣れていきます。かけ算の九九も、2人とも小学生前に遊んでいるうちに覚えてしまいました。だから、『自由自在』をいともたやすく進めていきました。

小1、小2の間は、算数以外の教科学習はありません。たくさん本を読んでいれば、大はばに学力が身につきます。ただし、計算と漢字は、毎日こつこつと積み上げていったほうがいいでしょう。

ナツとアキは、小1から書き写し、漢字、計算を継続していました。勉強が苦になららず、楽しい様子でした。小学生の勉強は容易に理解できていました。

小3、小4の『自由自在』は、4科目、4冊です。一気にすごいボリュームになります。小さめの字でびっしり書かれています。

ナツとアキは、小3からは全科目『自由自在』を読んで内容を習得していく勉強が加わりました。小3から勉強内容が増えてもなんの違和感もなく、もくもくとこなしていきました。ナツとアキは、勉強がイヤだとか、量を減らしたいとか、言ったことがありません。

小5、小6の『自由自在』は、4科目、4冊ですが、さらにボリュームが大きくなります。毎日4科目とも1日1ページずつやっていけば、2年間で600ページほどこなせることになります。そう考えると、『自由自在』のすごいボリュームもたいしたことはありません。

小4からは抽象概念が増えてきて、小5、小6は抽象概念

小学生の勉強で使った『自由自在』

が中心となっていきます。勉強が苦手な子が遅れをとる時期です。

勉強が苦手というのは、抽象概念をうまくこなせないのが主な原因だと私は考えています。ナツとアキは、抽象概念が増えても、なんの問題もありませんでした。むしろ抽象概念が増えれば増えるほど、より勉強に楽しさを感じているとも見えました。

ハルは小5までほとんど勉強していないので、『自由自在』もほとんどやっていません。わからないからやらないのか、と思って、読めるかどうか試してみましたが、ちゃんと読めます。書かれていることを理解できます。ただ、嫌いだから、やらない。

小5から少し『自由自在』をやり始めました。小3・小4用の4冊です。でも、ちゃんとやっているとは言いがたい状況で、まともにやり出したのは小6からです。毎日、各科目4ページずつやっていけば、半年で小3・小4を終え、さらに半年で小5・小6を終えられる計算です。

ナツとアキは、まったく問題なく、順調に、みっちりと小学6年間で『自由自在』を全部やり終えました。ただし、『自由自在』には難関中学入試問題もおさめられています。これらは不要だと考え、スキップしました。小、中、高と順番に勉強を積み上げていったらじゅうぶんです。急ぐ必要はありません。うちの子たちには、強力な「独学の力」がそなわっています。教科学習をあわてるぐらいなら、さらに「独学の力」を強化したほうがいいです。

繰り返しますが、ナツとアキが、『自由自在』で小１から完全独学をやっていけたのは、「独学の力」があったからこそで、「独学の力」がなければ無理でした。逆に、「独学の力」があれば、なんの苦労もなく、自力で勉強を進めていけるし、親として心配もありません。

３歳ごろから１人１台専用パソコン　スキルとＩＴリテラシーは？

私は、自分たちが使うパソコンを自作しつづけています。壊れる前に、早め早めにパーツを交換していきます。すると、使えるパーツがどんどんと余ってきます。捨ててしまうのも惜しいので、それらを集めて、子どものオモチャをつくります。つまり、再生パソコンです。

うちの子たちは４人とも、３歳ごろから自分専用のパソコンをもっています。捨てるはずのパソコンなので、どう使おうと、つぶしてしまおうと、どうぞご自由に、という与え方です。

パソコンの使い方は、あまり教えていません。ちゃちゃちゃちゃっと目の前でやってみせると、あとは試行錯誤したり調べたりして、知らないうちにできるようになっています。中高生ぐらいになってくると、私が子どもたちから教えてもらうことも増えてきます。パソコンスキルも、あきらかに「独学の力」のおかげです。「独学の力」があると、教科学習だけでなく、何かをやろうとしたときに、すみやかに習得しスキルアップしていけます。

ＩＴリテラシーについても問題なさそうです。危機管理、トラブル回避、問題解決、ＩＴツールでのコミュニケーション問題など、最先端のスキルのようで、その根本にあるのは人としての知性であり、そういう知性ははるかな昔から変わるものではありません。子どものパソコン利用を制限したり監視したりはまったく不要で、わが家では考えたこともありません。

子どもたちがインターネットでどんなページを閲覧し、どんな人と交流しているのか、親がのぞくことはありません。

ただし、このような言い方は危険でもあります。

世の中では、インターネットにまつわるトラブルや事件が頻発していて、子どもたちが傷ついたり犠牲になったりしています。安易に「何もしなくてもだいじょうぶ」とは言えません。

「独学の力」によって、パソコンやインターネットにまつわる難しい問題が、いくらかでもなんとかなっていく可能性がある、という程度に受け止めてください。

勉強でパソコンを使わなくなっていった理由

うちの子たちは、パソコンやインターネットを使うことに問題はありません。学習ソフト、オンライン学習など、いろいろと試しました。学習ソフトは10万円ほど買いました。私としても、パソコンやインターネットを使って勉強したらいいのではないかと考えていたのです。子どもたちも、学習ソフトなど、ずいぶん使いました。

そのうち、子どもたちは４人とも、勉強ではパソコンやインターネットを使わなくなっていきました。勉強以外ではよく使うのに。ナツが大学受験をするようになってから言いました。

「学習ソフトもオンライン学習もいろいろやってみたけど、参考書のほうが早くわかるし、じっくり取りくめる」

誤解しないでいただきたいのですが、「独学の力」はパソコンやインターネットでの学習を否定するものではありません。

「独学の力」があれば、パソコンやインターネットであろうと、紙であろうと、学校の授業であろうと、どんな勉強のしかたでも、よりよく理解でき、よりよく習得できます。最もパフォーマンスが低いと思われがちな紙の参考書が、最もパフォーマンスが高いということです。

サブ教材は進研ゼミのチャレンジ

小学生の間は、『自由自在』がメイン教材でしたが、サブ教材として進研ゼミも購入していました。4人とも、2歳ごろから中3まで継続しました。

幼少期から、ハルは毎月届くのをとても楽しみにしていました。4、5歳ぐらいになると、字のなぞり書きや数あそびのような、勉強を意識した教材が増えてきます。ナツに確認してみましたが、「そのころの教材で勉強する習慣がついたと思う」と言っています。

小学講座の教材もよく考えられていたと思います。『自由自在』で勉強していたら、進研ゼミはあきらかに簡単すぎますが、違う角度からもういっぺんやってみるというような意味があったと思います。赤ペン先生とのやりとりもモチベーションになっていました。

ハルは、課題提出がとどこおりがちでした。「やらないなら、進研ゼミをやめるか？」と私が聞くと、やめたくないらしく、1年分を短期集中でまとめて提出するという横着をしていました。

ナツは、中1から勉強のブランクに入りましたが、進研ゼミは半分くらいやりました。ハルもナツも、高校の勉強は参考書のみでやっていくということで、中3の終わりに退会しました。

4人とも、進研ゼミの難易度をやさしく感じていたので、中学講座はハイレベルコース、中3では最難関コースにしています。アキは、順調に勉強が進み、中3では最難関コースの赤ペン課題も在宅模試もほぼ満点近くで、やることがなくなってしまったので、中3の夏に退会しました。

ハルが小6のとき、タブレットコースが新設され、お試しとしてタブレットを追加料金なしでいただきました。そういう時代だなと私も思っていたので、タブレットでの勉強に前向きでしたが、ハルの反応がかんばしくありません。

難しくて使えないのではありません。紙とリアル教材は身体で勉強するけど、タブレットでは身体を使うことがありません。それがたよりなかったようです。結局、子どもたちは4人とも、タブレットコースではなく、紙コースを選択しました。

1日の勉強は「時間」ではなく「量」で決めた

わが家のホームスクーリングは、強制・管理・監視をなるべくなしにし、スケジュールもカリキュラムもなし、時間割もなし、という、主体的なあり方を重視します。毎日、何時間勉強する、という言い方は適切ではありません。そもそも勉強を時間では管理しないのです。

毎日の勉強は、標準的な「量」にもとづきます。小学生だと、書き写し（絶対優先！）、漢字シート、計算シート（低学年）、『自由自在』の国語・算数・理科・社会（1ページずつ）、漢字練習、進研ゼミ、高学年からは基礎英語（暗唱、書き取り）が標準です。小学生の勉強をするとしたら、こんな感じになるでしょう。

これらを何時から何時までどんな順番でやるかとか、休憩時間をどうするかとか、そんなことは決めていません。本人まかせです。この内容をできなかったらどうなるか？ なんともありません。まさかペナルティなどありません。親は「ああ、そう」と言うだけです。できないのでなく、できるのにやらなかったら？ 同じことです。「ああ、そう」と言うだけ。

4人の子どもたちの学習履歴

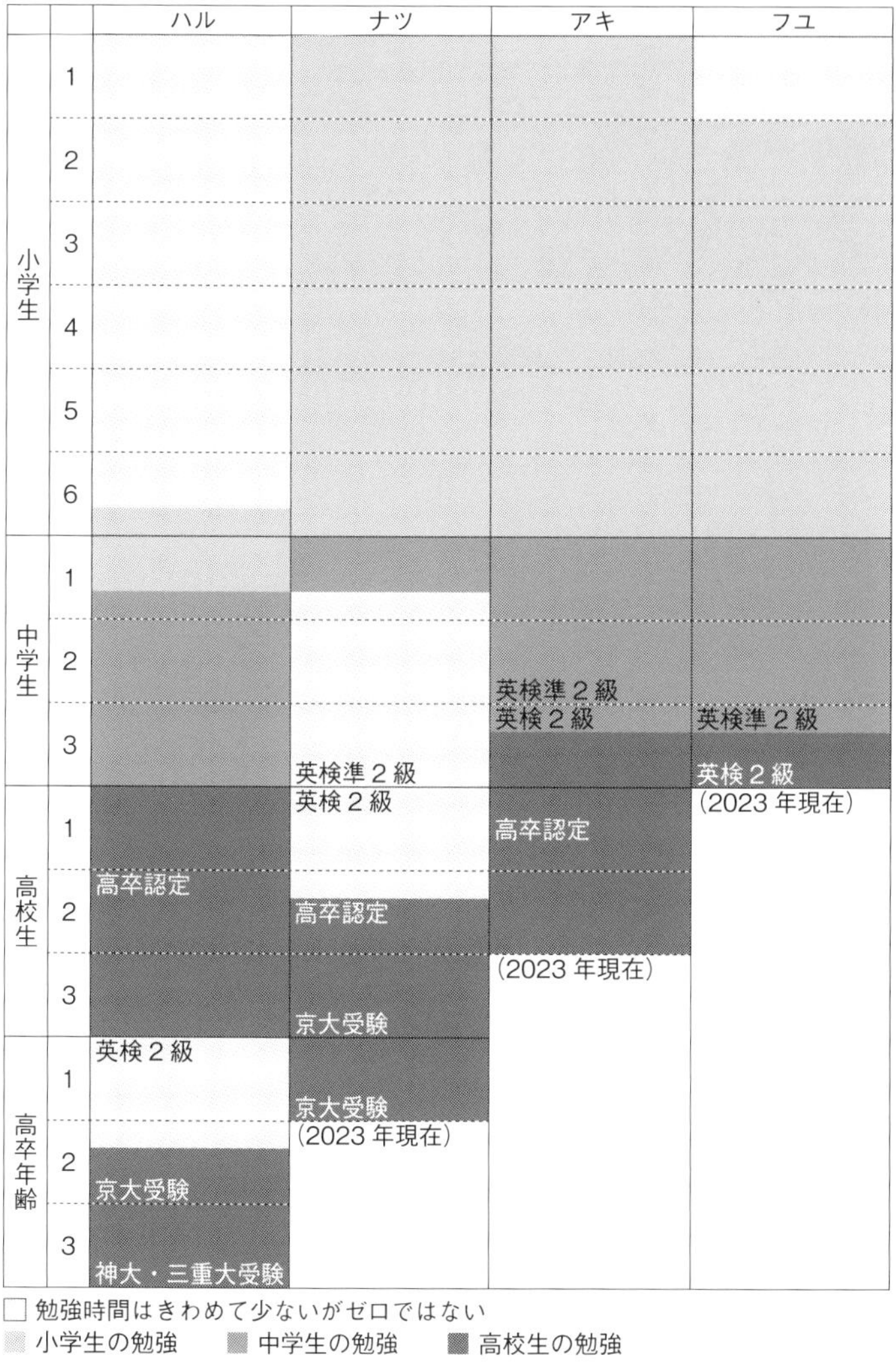

日によったら、体調が悪いこともあるでしょう。そんなときは、いちいち親に許可や届出は不要です。体を大事にしましょう。気分がのらない日もあるでしょう。そういうこともあるよね。また明日。

午前中から勉強する日もあれば、夕方になってから勉強する日もあります。この内容をていねいにみっちり勉強したとしても、6時間もかかりません。学校に行っている小学生より、あきらかに勉強時間は短いです。独学ができれば、勉強を習うよりもうんと短い時間でより多く学ぶことができます。

だから、うちの子たちにとっては、パソコンやインターネットを使うより紙の参考書のほうがより良く勉強できる、ということになるのです。

こんなやり方をしていたら、子どもたちは勉強をサボってばかりでは？

ナツとアキは、まったくそんなことありませんでした。もっとも、ナツは中1からあまり勉強しなくなりましたが。それまでは、なんの問題もなく進んでいました。アキはまったくブランクなしです。

ハルは……サボってばかりですね。やっぱり、管理して強制しないと、ダメなのでしょうか？

教科学習をしないなら、学校へ行かせるしかない…

ハルは小学5年生になっても、ほとんど勉強しません。

本はものすごくたくさん読んでいます。昔話、創作児童文学、大人が読むような本も。書き写しはボチボチやっています。でも、漢字、計算、『自由自在』などは大嫌いです。学校に行っていれば、まるで勉強できない落ちこぼれでしょう。

なのに、不思議なことに、他人からは「勉強できる子」と見られていました。これは、大量の読書のおかげでしょう。筋道立った話し方をしますし、語彙力《ごいりょく》もけっこうあります。抽象概念力もあります。やればできることがあきらかなのに、やらない。

これほど教科学習をやらなければ、私たち親も、危機感をおぼえます。ホームスクーリングは失敗かもしれない。軌道修正するなら早いうちがいい。と、夫婦で話し合い、ハルに学校へ行くよう促しました。

ハルは、拒絶しました（↓161ページ）。

わが家のホームスクーリングは、強制も管理もスケジュールも何もないので、勉強しようという意思をもたなければ、何も始まりません。学校へ行っていたら、勉強しようと思わなくても、勉強が嫌いでも、時間がくれば授業が始まり、その子の意思と無関係に勉強が進んでいきます。わが家では、これがありません。

「なぜ、勉強するか」を考えてからの劇的なリカバリ

ホームスクーリングでは、「なぜ、勉強するか」という哲学が必要なのだと気づきました。

学校へ行っている子たちでも、親や先生が「勉強しなさい」というと、「どうして勉強しないといけないの？」と聞き返されることがあるでしょう。

私にも答えられません。何かに役立つからという答えは、どうも無理があります。勉強しなくても生きていけるし、幸せになることもできる。お金を稼ぐこともできるだろうし、たいがいどんなことでもできる。では、なぜ勉強するの？　うーん、難しい。

あまりに難しいので、ハルといっしょに考えました。長い期間かけて対話しましたが、途中をはしょって、こんな感じです。

勉強すれば、わかることが増えるし、できることが増える。では、そのわかること、できることで、何をする？　自分のためだけにどうにかしようと考えていくと、どうもむな

しくなってしまう。ほかの誰かのために、または社会のために、もしかしたら世界のために、ほんのちょっとでも何かをどうにかできたら、すごいことじゃない？

こういう話は、ハルもよく理解しました。

ハルも、勉強がそういうものなら、やったほうがいい、やっていきたいと、だんだん思うようになっていきました。

ハルに確認すると、そのころ、人生の責任を考えるようになったとのことです。つまり、勉強しないなら勉強しないことの責任は自分が負うのだ、ということだそうです。

ハルのこの変化は、昔話と書き写しが土台にあったからこそ、です。ハルへの読み聞かせで昔話はぜんぜん足りていませんでしたが、小学生になったあたりから、自分でものすごい量の昔話を読むようになりました。昔話はおもしろいって、よく言っていました。読み聞かせ不足分を自分で補っていったかのようです。

ハル

学校へ行きたくなかった理由とは？

今まで与えられていた自由を取り上げられるような感覚であり、その割に学校へ行くメリットが思いつかなかったからです。大人視点では強制的に勉強を行わせることはメリットになるかもしれませんが、子供視点では罰にしかなりませんでした。人間関係が学べるのかとも言われますが、自分は生協の活動で間に合っていました。

4年生ごろまでは勉強大嫌いだったのに、5年生ごろ少し変わってきて、6年生で激変。書き写しをサボってばかりといっても、3日に1枚ぐらいはなんとか書いていたので、1年で100枚ぐらい、6年生になるころには500枚ぐらい書いたと思います。昔話、書き写しが、熟して発酵してきました。

小6の途中からは、別人のように勉強するようになりました。

ハルは幼いころから抽象概念力はあったので、勉強へのリカバリが容易でした。小6のなかばから3・4年生用の『自由自在』を猛スピードで仕上げ、中1で5・6年生用の『自由自在』を猛スピードで仕上げ、中1の12月から中学の勉強に移行しました。5年半遅れの小学生、10カ月遅れの中学生です。サボりぎみだった書き写しを1日2枚にペースアップ、そして毎日作文を1枚。合計3枚ずつ書いていきました。1年で1000枚ほど書いたことになります。そのうち、書き写しは600枚あまりです。もう、勉強について心配することはなくなりました。

中学の勉強は『総合的研究』で

小学生の勉強は『自由自在』ですが、中学生の勉強は『総合的研究』です。中学用の

『自由自在』もすぐれた参考書ですが、『総合的研究』のほうがやや説明が詳しいようです。甲乙つけがたいので、そのつど、子どもたちに選ばせました。それ以外の参考書でも良いのですが、みな『総合的研究』を選びました。親が押しつけたり与えたりしたわけではありません。

『総合的研究』は中学3年間が科目ごとに1冊となっており、非常にボリュームが大きいです。子どもたちは、初めて学ぶことがらを、『総合的研究』を読みながら理解し習得していきます。小さめの字がびっしりで、説明が詳しいです。あきらかに中学の内容を越えて高校の内容にふみこんでいます。

　学習指導要領がときおり改訂されて、学ぶ内容が増えたり減ったりしますが、『総合的研究』で勉強していたら中学内容を大きく越えている

中学生の勉強で使った『総合的研究』と『総合的研究　問題集』

ので、学習指導要領に左右されることがないのではないかと思えます。小学生の『自由自在』もそうでしたが。

子どもたちは、『総合的研究』をまったく苦にしません。小学生の勉強がじゅうぶん身についているとは言いがたいハルも、『総合的研究』を難なくこなしていきます。問題集や進研ゼミも併用しました。

学校に行っていれば、中間テスト、期末テストといった定期試験があり、実力テストなどもあります。それらは内申にも直結するので、意識せざるをえません。わが家はホームスクーリングなので、試験のたびに復習するというサイクルがなく、ハルは学んだことがあまりしっかりと身についていなかったようです。

とはいっても、中学生の平均より上だったのは間違いありません。

どうした!? ほとんど中学の勉強をしなくなったナツ

ナツは中1の半ばまで順調でしたが、じょじょに勉強しなくなりました。

私はのんびりと様子を見ていました。

フランス語を勉強したいというので、NHKラジオ講座の「まいにちフランス語」のテキストとCDを1年分購入しました。基礎英語をやってきたのと同じように、暗唱と書き取りを中心にやっていくとのことです。勉強したいことはなんでもやってみたらいい、と考えていました。

ナツは、勉強ブランク期にも、基礎英語とフランス語と書き写しは続けていたそうです。本もけっこう読んでいました。「独学の力」をみがくことは継続したのです。

ナツはあまり中学の勉強をやりませんでした。まるで、小学生のハルといれかわったみたいに。

中3の半ば、あいかわらずの状態ですが、このまま中学の勉強が欠落した状態で大人になってもいいのだろうか?と、親としては不安です。中学生のあと、何をやっていくつもりなんだろう?　高校の勉強に取りくむことは無理そうだし。ああ、この子の将来は、どうなるんだろう!

ナツ

突然フランス語を勉強したいと思った理由とは?

フランス語で何かをしたいという目的はありませんでした。ただ自分の家族や友達ができないことを自分ができたらかっこいいと思って始めました。小学3年生のときから基礎英語をしていて、語学に関心が強かったのも理由の一つです。

ハルが小学生のころと同じように、ナツにも中学校へ行くことを促しました。ナツは拒否！「ムリやり学校へ行かせたって、不登校になるだけだよ。ムダだよ」って。じゃあ、ある程度まで中学の勉強をしておけよ。このままではこの先の道が難しくなるぞ。というような問答を繰り返し、勉強する意味も対話したものの、あまりひびかず、しぶしぶと、『総合的研究』を突貫工事でやりだしました。付焼刃のようなやり方をしたって、中学の勉強が身につくものでもないと思っていましたが、公立高校の入試問題をやってみると、中学生の平均より上なのは間違いありません。

「独学の力」があると、こんないいかげんな勉強でも、それなりになんとかなってしまうものかと、ちょっとビックリ。3カ月ほど、断続的に勉強して、またスローペースへもどりました。長いトンネルです。

学習意欲満載のアキにはブランクなし

つぎに、アキのおはなしです。

アキは幼少期から昔話に特化した読み聞かせを大量にしてきたので、「独学の力」がスムーズに身につき、小中とも勉強にブランクなく、順調そのものでした。小学生低学年から、大人が読むような本でもガンガンと読んでいました。興味をもつ本があると、その作者の本を何冊も読みたいというのです。創作児童文学もたくさん読みましたが、大人向けの本はこんな感じです。

今昔物語（現代語訳で全話）、アガサ・クリスティ（１００冊ほど）、アンデルセン、バルザック、夏目漱石、森鷗外などですが、まだほかにもたくさんあって、親としてもわかりません。世界文学全集もかたっぱしから読んでいます。創作小説を自分でいくつも書いています。

アキは中１でラテン語とタミル語を勉強したいと言い出したので、アキが求める教材をつぎつぎと買いました。そのうちラテン語は原書を読むようになりました。タミル語は日

アキ

ラテン語とタミル語を学ぼうと思った理由は？　今も継続している？

小４で始めた英語の勉強が進んできたので、英語と関わりがあり、ヨーロッパの他の言語にも多大な影響を与えたラテン語の勉強を始めました。そのさい教養や文化的な側面を重視し、実用性は度外視しました。半年ほどたって、まだ他の言語も勉強する余裕があると思い、タミル語を始めました。決め手となったのは日本語に近いという説があることと、英語やラテン語とはかなり異質であることで、タミル語の文化的な背景にも興味がありました。どちらももう一通り終えていることもあって昨年末からは休止していますが、大学に入ったら再開するつもりです。

本語の教材があまりないので、英語で書かれたタミル語教材も使っています。アキは私にいろいろ話してくれますが、私は教わる一方です。

アキは模試を受けたがりました。小5から受けはじめ、中3では多数受けました。成績は私が中学のころより上です。学校へ行っている子が学校で勉強しているよりも短い時間しか勉強していません。もちろん、完全独学です。

高校受験はしないので、高校受験のための勉強はせず、中学の勉強を終えた夏ごろ、高校の勉強に移行しました。模試の成績は、受験勉強をせずの成績です。

わが家の危機

ここまで、ハル、ナツ、アキの勉強の様子をお話ししてきましたが、4人の子どもたちのうちの末っ子、フユにふれずに来ました。2008年生まれのフユには、上の3人とは違う事情がありました。

わが家は、京都府南山城村の童仙房という山の上の集落に住んでいます。日本中、だいたいどこの田舎も似たようなものだと思いますが、2000年ごろから目に見えて衰退が始まり、加速していきました。

南山城村では、２００５年ぐらいにかけて、商工業が少しずついきづまるようになり、廃業があいつぎました。２００８年ごろにかけては建設業がいきづまり、倒産や廃業があいつぎました。田舎では、農業と建設業は表裏一体の関係にあります。農業従事者は、夏季に農業、冬季に建設業に従事し、不安定な農業収入を建設業で補うというスタイルが定番で、建設業がこわれると、農業にも深刻な影響をおよぼします。

２００８年ごろには、地域の経済はかなりひどい状態になってきました。あまり悩まなくても地域近辺でお金を稼ぐことは難しくなかったのに、危機感をおぼえるまでになりました。

２００８年はリーマン・ショックで世界経済がダメージを受けましたが、田舎ではリーマン・ショックとは別進行で衰退が加速していました。

２０１４年に日本創成会議が消滅可能性都市を発表して日本じゅうに衝撃がはしりましたが、わが南山城村は、全国市町村の消滅可能性ランキングでどうどうたる17位です。それ以前、２００９年ごろには、私は身のまわりを見て、南山城村も童仙房も消滅をまぬがれないと感じていました。その理由は、人口減でも少子高齢化でもなく、日本創成会議の主張とおなじく、若い女性が激減したことでした。つまり、未来の母親候補です。

２００９年には、ここに住みつづけても良いものかどうか、真剣に悩み、家族で話しあいました。都市へ移るかどうか。私の年齢的にもタイムリミットではないかと思われました。都市へ移れば、会社勤めをするでしょうし、ホームスクーリングはできないでしょう。そんなことも含めて話しあいました。

ハルとナツが、泣きじゃくって都市移住に反対しました。ホームスクーリングをやめることにも反対しました。家族を守るためには都市移住やむなしと考えていた私は、進退きわまりました。そして、もうすこし童仙房でねばってみようと、とりあえずの決断です。

地元経済のなかでできることはもうなさそうです。地域活性のためにできそうなことは考えられるかぎりはやりつくしました。この地で思いつくかぎりのこと、私がかかわってできそうなことは、残らずやりつくしました。

それなら、地域経済ときりはなして、個人としてやっていけるかどうか。1992年に童仙房へ移住したときから、童仙房内の建設会社で建設作業員として働き、1級土木施工管理技士などの資格を取得していって現場監督もこなすようになりました。

地元の中高生に勉強を教えたり、パソコンやインターネットがらみのさまざまな仕事を請けたり、なんでも屋みたいな感じでしたが、近隣で生活の糧を得ることは今後は道がなさそうです。

2年ほどいろいろと試行錯誤したすえに、地域と無関係の在宅でできる仕事にたどりつきました。最初のうちは収入も少なく、危機的状況が続きました。なんとか家計の危機をぬけたのが、２０１４年ごろです。それ以後は落ち着き、余裕はないもののふつうぐらいに暮らしていけるようになりました。

フユにとって、冬の時代

フユが小学1年生になったばかりのころ、進研ゼミの課題に取りくんでいて泣きだしました。わけを聞くと、問題がわからないとのこと。字を読んで意味を理解できないのです。「無理しなくても、わかるようになってからやったらいいよ」と言っても、フユは泣きやみません。「今、やりたい」って言います。あわてなくても、時が来れば自然とわかるようになる。できないことでも自然とできるようになる。成長のペースに合わせて進めていけばいいです。でも、上の３人が楽しそうに勉強するもんだから、自分もそうしたい。

上の3人は、小1で進研ゼミの教材も『自由自在』も読んで理解していたし、いきなり独学が可能でした。何も無理せず、自然と独学をやっていけました。誰からも教えられなくても、自分で勉強できました。親もそれを当たり前のことのように見ていました。

では、どうしてフユにはそれができないのだろう？

夫婦で原因を考えました。

まもなく、気づいたのです。

フユが生まれてから5年間、家計の危機でした。読み聞かせどころではなかったのです。アキには昔話中心の読み聞かせだったので、自分で読めるようになったのも早く、フユが生まれて読み聞かせが思うようにできなくなるころには、自分で本を読めるようになっていました。

フユは読み聞かせが圧倒的に足りなかったのです。いくらかは読み聞かせしましたが、上の3人と比べると10分の1もなかったでしょう。

これはたいへんだ！　親の重大な責任だ！　なんてことだ！　この子の人生は上の3人とまったく別ものになってしまう。

上の3人ができることをできず、到達できるところにはるか及ばないかも。遅いかもしれない。でも、あきらめて責任を放棄するのは違う。とにかく、やろう。

遅れた読み聞かせでもリカバリできるのか？

夫婦でかわるがわる、読み聞かせを始めました。フユへの読み聞かせは小1になってから本格的に始めたのです。もちろん昔話に特化しました。昔話ばかりを読みつづけました。絵本もいくらか読みましたが、中心は字が主体の本です。たくさん買ったし、図書館でもたくさん借りました。

毎日毎日、時間をとれる最大限、読み聞かせました。勉強はしなくてもいい。読んで読んで読みまくりました。

半年ほどたつと、変化があらわれてきました。進研ゼミの教材をいつのまにやら、難なくこなしているではありませんか。あのぶ厚い『自由自在』1・2年生版（算数）も独学でやっています。意味を理解できるようになってきたのです。

1年ほどたつと、自分で本を読みだしました。読み聞かせしている昔話を自分でも読むようになりました。小2になったあたりのことです。

さらに、図書館で見かけた『まじょ子』シリーズを読みたがりました。かたっぱしから、あっという間に読んでしまいました。小3あたりで、読み聞かせは卒業にしました。昔話の大量読み聞かせ2年間で、激変です。小3からは、『自由自在』が3・4年生版となり、4教科そろい、内容も難しく、ボリュームも大きくなったのに、なんの苦もなく日々こなしています。

書き写しも毎日順調にやっています。小学4年生で1000枚ほど書いたことになります。

フユの急上昇

フユは、勉強がわからないということはなくなりました。上の3人も、独学をしていてわからないということはなかったらしいです。あったとしても、自力で解決できたそうです。フユもそうなってきました。抽象概念力に不安がありましたが、小4ではまったく問題なし。

小5になると、読む本が変わってきました。ぶ厚い本をつぎつぎと読みました。アガサ・クリスティを大人向けの文庫で数十冊読みました。ほかにも、小学生が読めないだろうと思われる本をつぎつぎと読みました。小6では『ハリー・ポッター』全巻セット、ぶ厚い本が10冊ぐらいです、あれが大好きで覚えるほど繰り返して読みました。ほかにも物語を中心に、驚くほど読みました。アキの読書量は驚異的ですが、フユもアキにせまりつつあります。いつのまに……。

中1になると、『ハリー・ポッター』のようなやさしい物語はものたりないと言いだして、純文学を読むようになりました。夏目漱石、太宰治あたりは、旧字・旧仮名のほうが好きだと、わざわざ読みにくい古い本を読みました。（フユ）ディケンズ（『クリスマス・キャロル』だけではなく）、シェイクスピアなんかも。『千夜一夜物語』『ルパン全集』は全巻読み通したようです。もちろん、子ども向けの本ではなく、大人が読むような本です。

読書が質量ともにレベルアップしてくると、学力が比例して向上します。中学生では、『総合的研究』を中心にやりましたが、中3の春先で全部終わってしまいました。問題集もやり、適宜復習するので、学習内容は身についているようです。

中3の春先から、公立高校の入試問題を順にやっていき、安定して高得点がとれています。進研ゼミも最難関コースが簡単すぎるので、夏に退会しました。もう、中学の勉強はやることがなくなったので、7月下旬から高校の勉強に移行しました。『総合的研究』をとことんやったので、高校の勉強はスムーズに取りくめます。

書き写しはずっと継続しています。物語を自分でも書くようになりました。書き写し、創作合わせて、中3春までに5000枚近く書いたのではないかと思います。

フユ

旧字・旧仮名にこだわった理由とは？

旧字・旧仮名を普通に読めるようになったら、憧れの文豪のようにかっこよくなれると思ったから、古い本を親に買ってもらいました。

小1から読み聞かせを始めても、手遅れではなかったのです。

フユに対してとり返しのつかない責任を感じたのですが、今となっては懐かしい思い出です。それぞれ大きくなってくると、4人の子どもたちに「独学の力」の差はないようにみえます。

実証実験はできませんので、あくまで私の経験上と教育にかかわる方々の意見を参考にしてのことですが、小中高生で勉強が苦手な子は、まず間違いなく読解力に問題がありま す。読解力を改善することなく教科学習をさせてもなかなか好転しにくいでしょう。ならば、昔話の読み聞かせです。年齢、学年は問いません。昔話の読み聞かせからスタートすることが最も近道です。

もし、お子さまが勉強で煮詰まっているなら、親御さんでも祖父母さんでもどなたでもいいので、昔話の読み聞かせをしてあげてください。中高生であろうと大人であろうとなんの問題もありません。ただし、前にもお話ししたとおり、本物の昔話にかぎります。

読んでくれる人がいなければ、次善策として昔話を自分で読んでいくといいでしょう。できれば音読がいいです。「1人読み聞かせ」といってもいいです。

そして同時に書き写しです。もちろん、年齢や学年は関係ありません。大人でも書き写しの有効性はなんら変わりません。昔話の読み聞かせが大量に蓄積されてくると、自然と本を読むようになっていくでしょう。

書き写しと読書が大量に蓄積されてくると、読解力不足はありえませんし、抽象概念もこなせるようになるでしょう。

とうぜん、時間はかかります。1年、2年、3年、あるいはそれ以上。これが、最も簡単で最も近道で最も効果が大きい道です。

コラム

末っ子のフユが小6当時、毎日していた勉強とは？

毎日家でやっている勉強を紹介したいと思います。
ひらがなの書き順。昔からひらがなを紙やノートに書いています。＊

次に、漢字の書き順。小学校の漢字を練習したいので、漢字の教材を見ながらノートに書いています。何回も繰り返し繰り返し書いています。

書き写し。何年も前からいろいろな本を使っています。教科書、昔話、宮沢賢治の作品。今は夏目漱石の『坊ちゃん』を使っています。

新聞。２年前ぐらい前、ある日突然新聞を作ってみたいと思うようになり書いてみました。面白いし、ずっと続けています。今は、２日に１回の頻度で小さな紙に書いています。『有根新聞』という名前にしています。数えてみると、400枚ぐらい書いています。すべてとっておいて段ボールにしまっています（時々、『人間って何？』みたいな哲学を代わりに書いています）。

ベネッセの通信講座のチャレンジ。昔から使っています。自分で丸付けをしています。

ローマ字。『星の王子さま』の本を見ながら毎日、２行ローマ字に変えてノートに書いています。２年ぐらいやっていてもうすぐ終わります。毎日勉強しています。

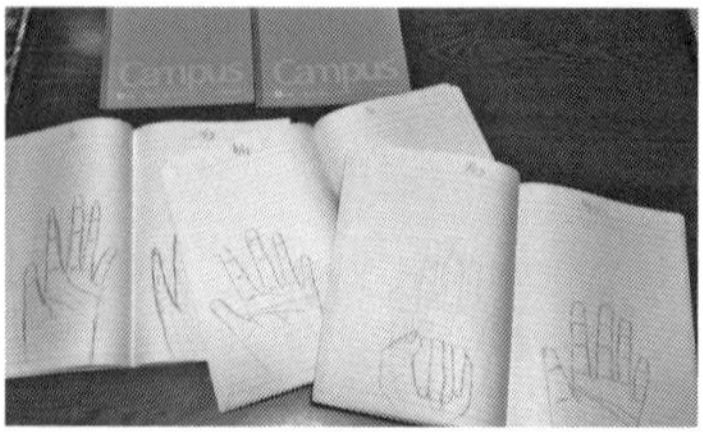

手のスケッチ。ハルがしているのを見て、自分も手のスケッチをしてみました。自分の手を見ながら丁寧にノートに書いています。2年ぐらいやっています。

算数、社会、国語、理科の『自由自在』。毎日2ページずつ説明を読んだり、問題を解いたりしています。問題の答えはノートに書いて自分で丸付けをしています。現在は『自由自在』を4回ぐらい繰り返しています。

基礎英語。暗唱、書き取りをしています。

＊ 現在、高1のフユですが、高校の勉強とあわせて、小6のころから変わらず継続している内容として、下記があります。

- ひらがなの練習
- 書き写し
- スケッチ（現在は手でなく猫）

わが家では、親が勉強を与えるとか勉強をさせるという発想はありません。どんな勉強をどのようにするかは本人にまかせています。勉強内容は4人の子どもたちでそれぞれです。4人とも同じことをやっているわけではありません。受験生をのぞくすべての期間、4人に共通しているのは「書き写し」だけです。『自由自在』、『総合的研究』、進研ゼミ、基礎英語なども、それぞれが検討して選択した結果、たまたま同じになったということです。親から提案したのは「書き写し」だけです。「書き写し」でさえも、やるかどうかは本人まかせでした。

高校生でひらがなの練習をしていますが、もちろん、ひらがなぐらい、書けないわけはありません。では、ひらがなを、正確に、丁寧に、書けるでしょうか？ ひらがなは文字の基本です。文字に対して真摯であろうと、本人が自問自答しつつとりくんでいます。何歳までつづけるのか、親にはわかりませんが、何歳でひらがなを卒業という設定はおかしな話です。（筆者）

第5章

ハルとナツ、完全独学で挑む京大受験

大学受験をめざしていたわけではないけれど…

わが家のホームスクーリングは、大学受験をめざしてはいませんが、小中高の勉強において大きなブランクをつくりながら、完全独学で国立大学に合格できるなら、きっと多くの人たちに希望を与えられるのではないかと願って、お話しします。

小学生では『自由自在』、中学生では『総合的研究』を中心に独学でやってきましたが、高校の勉強は参考書や問題集がとてもたくさんあるので、それぞれが吟味して選びました。

4人の子たちでいくらか重なりますが、使った参考書や問題集はまちまちです。

4人とも、英語、国語（現代国語、古文、漢文）、数学（ⅠA、ⅡB、アキはⅢも）、社会（地理、日本史、世界史、政治経済、倫理）、理科基礎（生物、地学、物理、化学）をひととおりやっていきました。深くなくてもいいから、広くやっていこうと。受験でなく、教養を意識していました《ハル、ナツ、アキ》。

図工や美術、技術家庭、体育や保健、道徳などの科目は、「科目」という意識はありませんが、ホームスクーリングのうちで取り入れられるよう親として留意しとても努力しました。

京大、生協、積水化学グループとの活動はまさにこの部分ですし、地域の活動にもこまめに参加しました。家庭内では道具や材料をふんだんに買うことで工作、絵を描くなどやりたいだけやりたいようにさせていました。

学校に行っていたら経験できたかもしれない部活や恋愛、行事などへの憧れはなかった？

ハル　全く興味なかったです。当時の環境で満足していました。

ナツ　学校行事に関しては参加したいと思ったことはほとんどありません。私は多くても週に１、２回ほどしか友達と遊ぶ機会がなかったので、学校に行くと毎日友達に会えるということは無性にうらやましく思ったこともしばしばあります。それ以外の点ではホームスクーリングをとても気に入っていたので学校に行こうとは思いませんでしたが。「恋愛はできるの？」と聞かれることがありますが、しようと思えば近所の子や、前出の生協などの活動の参加者と恋愛をすることは可能です。

アキ　学校行事については、特に興味は起こりませんでした。学校の活動だとなにかと自由が制限されますし、そういったイベントの代わりになることがたくさんあったからです。たとえば運動会は、村の運動会が毎年あって、そこでは競技ごとに自分で参加を自由に決められました。修学旅行や遠足は、家族で、あるいは地域の行事で出かけたりしていたのが代わりになりました。恋愛なんかは少しもうらやましいと思いません。誰でもかれでもデイトや告白にときめくわけではありません。部活は良さそうに思いました。ただそのために学校へ行きたいというほどではありませんでした。

家族でのお出かけもひんぱんにしました。遺跡・史跡めぐり、古墳めぐりなどは、長距離を歩きます。博物館、科学館、動植物園、水族館、野球観戦など。たとえば動物園といっても数カ所ですし、博物館は数十カ所になります。遺跡・史跡にいたっては数えきれません。野球観戦も10回ほど行った年もあります。女子プロ野球（今はなくなりましたが）では、試合終了後に選手とキャッチボールができました。サーカス、Jリーグ観戦、キャンプ、音楽鑑賞、古典芸能鑑賞、演劇鑑賞なども。

音楽、演劇は活動中に自分ですることもあります。村民体育祭にも参加していました。ありとあらゆる機会をつくり出し、活用していました。

日常的には、子どもたちが小学生前からひんぱんに料理やお菓子づくりをしました。食器洗いは当番制です。裁縫セットを各自に買い、それぞれがやっていました。できることは可能なかぎり自分でやっていくのも勉強のうちだと考えてきました。

高校卒業年齢になったらどうするの？ ハルはノンビリ

ハルは高1のはじめから高校の勉強に着手しました。時間割も試験もなく、ノンビリです。まずまず身についたとは思いますが、学力の定着は甘いでしょう。

高校生になると、今後について本人と話すことが増えてきます。18歳は高校卒業年齢なので、社会に出るか大学へ行くかという選択です。社会へ出るとしても、会社へ勤めるのか、起業するのか。

ハルは、とにかくノンビリです。童仙房でのわが家の暮らしが気に入っているようで、ずっとこのままで過ごしたがっているかも。それはダメですね。

高3を終えてハル《ハル》は、勉強に区切りをつけましたが、勤めるでもなく、起業するでもなく、ノンビリです。遊んで暮らすわけにもいかないので、地元で農業や土木工事や民宿など、アルバイトをいくつかやりました。ありがたいことに、地元の方々から声をかけていただいたのです。

アルバイトが悪いわけではありませんが、なんとなく流されるように生きていくのはダメです。何のためにわざわざホームスクーリングをやってきたんだか。ダメダメダメ！

世の中を見てこいと、住み込みの仕事をすすめました。いっぺん親からはなれて、家を

当時、将来の目標や憧れの職業などのイメージを持っていたのか？

ハル

恥ずかしながら目標と呼べるほどの物はありませんでした。高校生は卒業式などがあり、高校生活が終わったことを意識せざるを得ませんが、ホームスクーリングではそのような物がなかったため、大人になる認識自体が薄かったです。

出たほうがいいです。

ハルは自分で調べて、派遣社員に登録して、自動車工場で期間工として働くことにしました。２０２０年１月のことです。寮はアパートです。ふつうに一人暮らしです。工場なので夜勤もあります。半年間でしたが、問題なく仕事をこなし、日々の暮らしも問題なしです。７月に期間工を終了して童仙房に帰ってきました。

で、今後はどうするの？

三年寝太郎よ、起きたか

ナツの再起動！

中１の途中からブランクのあったナツは、中３で中学の勉強を短期集中でやりましたが、それでは学力がしっかり身についたとまではいえません。

中３の春ごろ、海外留学したいと言いだしました。本人が言うなら支援しよう。でも、ちょっと遊びにいく、というものではないので、まずは情報収集です。留学説明会をいろんな会社が大阪で随時開催していました。１人で説明会に行かせました。海外留学を本気でしたいなら、親がついていくべきではないと考えました。１人でどこへでも行動できないなら、かなうはずがありません。

ナツは自分で探してたくさん参加しました。いろんな話を聞き、交流もしました。留学生をまじえたキャンプ（合宿）にも参加しました。中3のとき、1人で企画し、京都市の外国人が利用する民泊へ泊まり、外国人が訪れるところをつぎつぎ訪問して交流をこころみました。親はお金を渡しただけで関与していません。世界中の人たちと文通（手紙）も始めました。

留学へは熱意があったのに、教科学習については高1でもブランクが続きました。高1の1月から新型コロナ時代となり、あらゆることが制限されました。留学は棚上げ

ハル

家を出て働いた経験から得られたものとは？

一人暮らしを経験することで自立の意識が出てきました。社会人であるため自分のことは自分でやらねばならず、仕事での失敗は他人に迷惑がかかるため責任を持たなければならないことを強く意識する必要がありました。人間関係についても学ぶことが多かったです。

ナツ

海外留学を意識した理由とは？

自分のしたいこと、すべきことについて悩んでいたとき、ふとフランス語のテキストの留学の広告が目に付きました。明確な将来像は見えていませんでしたが、行ったことない土地で、母国語でない言葉で、様々な文化の人々にふれあうことで、世界の見え方が変わるのではないかと考え、留学をしようと思いました。

です。

ナツはさらに勉強のペースが落ちていきました。親として《ハル、ナツ、アキ、フユ》、とても心配です。ただ勉強しないだけでなく、覇気がなく、生活リズムもくずれました。どうなっていくのだろう？

高2の7月ごろ、とつぜん大学へ行きたいと言いだしました。あんなに勉強をしない日々が続いていたのに、本気なのだろうか？

ナツは、東大、京大から国立大学、私立大学、専門学校までじつに多くの学校案内をとりよせて、じっくり比較検討しました。

すでに、大学でやりたいことも明確でした。就職ではなく、社会貢献をめざすための分野で、ナツの希望に最もかなうのが京都大学だそうです。高2になってもまだ高校の勉強を始めていないのに。

「それならどうして勉強のブランクを3年あまりもつくったんだ？」と聞くと、「あの時期は哲学していたんだ。3年間の哲学がなかったら、大学へ行こうとは思わなかった」と。

まるで三年寝太郎みたいです。昔話の三年寝太郎はいろいろなパターンがありますが、その一つ。3年間、寝てばっかりいた寝太郎は、ある日とびおきて、山にのぼって、大きな岩を動かして落とし、川をせき止めて流れを変え、田畑へ水がまわるようになり、寝太郎の集落は干ばつに悩まされることがなくなりました。寝太郎は、ぐーたら寝ているように見えて、課題解決に取りくんでいたのです。誰も考えたことのない解決策を思いついたのです。

三年寝太郎よ、起きたか。よし！

同世代が学校へ行っている間、焦りのようなものはあった？

ハル　比較対象がなかったので焦りは感じなかったです。

ナツ　参考書を読んでいて理解できなかったことがないため、学校に行っている子に対する焦りは一切なかったです。勉強していなかったときでも、「やればできるがしていない」というだけだったので、自分としては取り返しが付かないと焦ることがなかったです。

アキ　同世代が学校で勉強している間、焦りは全くありませんでした。学校での進み具合と比べると、いつも自分の方が進んでいるか同じぐらいでしたから、焦りなんて頭に浮かんだためしがありませんでした。とりわけ小学校低学年の時と中３の時は、学校の授業と同じ進度で進む進研ゼミの進度が遅くて困りました。

フユ　学校で同世代の子どもが勉強を進めている間、焦りはまったくありませんでした。自分が学校に行っている子どもと同じくらいか、それよりももっと勉強が進んでいることは、分かっていました。中学２年生になってからは、模試を受けるようになったので、自分の立ち位置もよく分かっていましたから、焦りはありません。

「京都大学へ行きたい！」

ハルの宣言！

7月に期間工から帰ってきたハル、8月になったある日、「京都大学に行きたい！」と。

ハル

とつぜん何を言い出すのでしょう！

「大学へ行きたいのはいいけど、それならどうして18歳で高校の勉強を終了せずに、そのまま受験へ移行しなかったんだ？　どうして1年半もブランクをつくったんだ？」

「期間工に行ったからこそ、大学に行きたいと思うようになったんだ。期間工に行っていなかったら、大学は思わなかった」

たしかに、なんとなく大学へ行ったってあまり意味はないでしょう。ハルの遠まわりにみえる選択は間違っていない、というか、まったく正当です。それにしても、どうして京大なのだ？

ハルが小学生になる前から京大と地域が協定をむすんで活動を始め、ずっと京大が身近でした。親近感をもつのはいいが、京大をなめているのではないのか？　そしてまた、受験を軽く考えているのではないのか？

高校受験を経験せず、定期テストも一度も経験したことがないのだから、試験や受験がわからないのは無理もありません。挑戦するのはいいでしょう。しかし、腹をすえて本気でのぞむべきです。

学歴を求めない者が、それでも大学へ行く意味とは？

子どもたちに次のような話をしました。

これは価値観なので、「誰にとっても正しい考え方」ではありません。

わが家では、学歴を求めない勉強を一貫してきましたし、それは受験においてもいささかも変わりません。矛盾しているように見えることが、どのように整合しているか、という点をお伝えしたく、家庭内の親子の対話を簡略化してお話しします。

ホームスクーリングを始めた当初から、このような内容を夫婦で対話してきましたし、

ハル

どうして突然京大に？

仕事をしたことで、将来何をするにしても、今よりさらに勉強しておく必要があると感じたためです。京大と言ったのは、「最初は目標は大きい方がよい」と言う考えもありましたが、知性を磨く上では一番適した場所だとも思っていたからです。

親子でも日常的に対話してきました。

大学には定員がある。定員の2〜4倍くらいの受験生が競う。つまり、イスとりゲームだ。キミが合格すれば、誰かが代わりに落ちる。キミの喜びは誰かの悲しみとともにある。他人をけおとして、はい上がらねばならない。

ほんとうにそうだろうか。

そんな生き方をすべきでないと、幼いころから教えてきた《ナナ、ハル、ナツ、アキ、フユ》。他人をけちらし、自分さえよければよいという考えは間違っている。他人をバカにしたり見くだしたりするのも間違っている。人間は、どんなにエライ人でも自分一人では生きられない。いろんなところでいろんな人が、世の中をささえている。そんな人たちが数え切れないほどいて、文明が成り立っている。キミは、そんな世界で生きているのだから、何かを一生懸命がんばって、社会に参画していこう。多くの人たちの人生が今よりほんの少しでも良くなるために、何かに力をつくしていこう。

受験とはなんだ？　いい会社に入って、たくさんお金をかせいで、楽な暮らしをするために大学へ行く？　そんな考えなら大学はやめておけ。

大学へ行くことで、キミがより良く社会に貢献できるなら、大学へ行くことに意味があ

家族での話しあいをそれぞれがどう受けとめたか？

ナナ

普段から、人生で何が一番大切なことなのか、世の中をよくするためにはどうしたらいいのか、というようなことについて家族で話し合ってきました。大学に進学するしないにかかわらず、自分の学んだ知識を使って世の中や他の人の役に立つ生き方ができるのなら素晴らしいと思います。

ハル

肝に銘じておく必要があると思いました。自分は勉強をする目的は知性を磨くことであり、知性とは人格も備えていなければならないと考えていたため、この方針に異論はありませんでした。

ナツ

親の一方的な押しつけで育てられてはいません。親が私に提案することもありますし私が親に提案することもありますが、いずれにせよ話し合って決めます。親がいろんな選択肢を用意してくれた上で判断は私に任せてくれたところが多かったです。私は小学生の時は「大学は絶対行かない」と宣言していましたが、高２の夏に「大学に行きたい」と意見を急に変えました。親はそのどちらも認めてくれていました。

アキ

小さな視点で生きていきたい人には、自己のためだけに頑張っていこうというので十分なのでしょう。ですが自分は、自己のためだけにそこまで積極的に生きる意欲がありませんので、このぐらいの考えは持っていないと生活が空虚になります。それにまた、いろいろな人が世の中を支えていて、その人たちを見下してはいけない、というのは当然のことではないでしょうか。

フユ

親の考えに賛成します。道徳的に見て、私利私欲に生きることはみにくいことであり、私は美しい生き方をしたいと前から思っていました。いろいろな本を読んできて、また社会問題に接してきて、自分のことだけを考えて生きたくはないと常日頃から考えていましたし、普通に賛成することができました。むしろ、私にとっては、当たり前のことです。

るだろう。もしも志望校に合格できても、勘違いしてはいけない。それは、キミがエライのではなく、とても恵まれていたということだ。

大学は学問をする場所だ。わが国の知性の源泉だ。どんな学問でも、そのすべてがわが国を支え、世界を支えている。そして、未来をつくる。学問をあなどることなかれ。謙虚な志で学問に入れ。キミには世界を支え、未来を拓く覚悟があるか？

大学に行けたら、なんであれ、社会に還元し、貢献すべきだ。どんなささいなものでもいい。世界中のすべての人たちとともに生きていくことが自分の人生を自分で生きることにほかならない。

受験生、悪戦苦闘

2020年9月から、ハルとナツが受験勉強を始めました。ハルは小学生で5年間、高3以降で1年半のブランクがあります。ナツは中学生から高校生にかけて3年あまりのブランクがあります。というより、ナツは今から高校の勉強を始めるのです。1年半遅れの高校生です。

ただ、2人とも「独学の力」があります。これは大きな財産です。受験において、生かせるかどうか。未知の領域です。常識的には、この2人の状況で、1浪以内での志望校合格はありえないと思います。国立大学合格自体が困難でしょう。

ナツが現役合格するには、1年半のうちに高校の勉強をイチからマスターして受験レベルに引き上げないといけません。1浪しても、2年半でチャレンジすることになるので、現役高校生よりも短い期間になってしまいます。

そもそもホームスクーリングから大学受験をするには、まず高等学校卒業程度認定試験（高卒認定）に合格しないといけません。ハルは高2ですでに合格しています。ナツは高校の勉強を始めてまもないころ、つまり高2の秋に合格しました。あまり難しくない試験なので、2人とも余裕でした。

2人とも英検2級をもっているので、英語に関しては、そこそこのスタートラインには立っているといえます。幼いころから国語はよくできました。読み書きの強力な土台があるので、当たり前すぎるほど当たり前ですが。

ハルは、高校内容の勉強は終えているはずだけど、基礎がきっちり身についているとは思えません。半年で京大に合格するなどだいぶ無理な話なのですが、本人はその気らしい。基礎をやり直したほうがいいのではないかとアドバイスをしたら、「今基礎をやっていたら京大の問題が解けない」と言って、京大対策の参考書・問題集をやろうとします。

私はアドバイスはしても、強引な指導はしません《ハル、ナツ》。あくまでも本人の意思が第一。受験の半年前に基礎を始めたら、とても合格は無理でしょう。けれども、基礎をすっとばして京大レベルに到達しようというのはもっと無理でしょう。

でもまあいい。思うようにやってみな。

2人とも、とうぜんのように京大E判定

9月から、2人とも模試を受けました。それはもう、ひどい成績でした。

模試は志望校の合格可能性を判定してくれます。どの予備校の模試でもたいがい5段階評価で、おおむね、A判定（80％以上）、B判定（60〜79％）、C判定（40〜59％）、D判定（20〜39％）、E判定（19％以下）となっています。C判定で五分五分、A判定なら合格が期待でき、E判定ならなかなか受からないといったところ。2人はとうぜん京大がE判定ですが、それもはるかかなたにかすんでしまうようなE判定です。当たり前すぎる結果なのですが。

ハルは一部の国立大学でB判定がつきました。とりあえず高3までにゆる〜くやってきた高校の勉強が、まあなんとかものになっていないこともないようです。ナツは有名な私立大学でB判定です。英語と国語だけで受けられるなら、高校の勉強を始めたばかりでも

合格できる力があるということ。
とはいっても、京大を視野に入れるなら、2人とも基礎がぜんぜん足りていません。模試の成績であきらかでした。
ナツは、某予備校の模試で、志望校に京都大学と書いたら、チューターさんに鼻先でせせら笑われたそうです。そりゃそうでしょう、誰が見てもそうです。それでもナツはその場で言い返したそうです。「ものすごい勢いで伸びるから大丈夫です」と。

初めての共通テスト後、京大から受験票が届く

大学受験も、完全独学で取りくんでいます。誰も勉強を教えていません。ホームスクー

塾へ行ったり、別の第三者から勉強を教わりたいと思ったことは？　当時の勉強時間は？

ハル　参考書で学べるため、他人に教えてもらう理由がありませんでした。そのため塾に行きたいとも、誰かから教えてもらいたいとも思いませんでした。当時は基本起きている間は勉強でした。

ナツ　参考書を読んで問題を解く。わからないところはもう一度参考書を読む。こうして勉強していくとわからないところが残ることはありませんでした。そのため先生に教わる必要はなかったです。受験勉強開始時から勉強自体は順調に始められ、毎日8時間程度勉強していました。

リングなので、試験を経験したことがないし、大学受験がどういうものか、まったくわからないので、受験勉強の進め方や心構えなどは、私が話しています。

2021年は共通テスト元年です。1月の共通テスト本番は、ハルは前日からビジネスホテルに泊まりました。親は付き添いません。1人で泊まり、会場へも1人で行きました。

2日目の日程が終わって帰ってきて、自己採点をしました。驚きました。予想よりうんとまともです。京大レベルには届いていませんが、難関国立大学を受けてもいい程度の点数です。

ハルの志望校は京都大学総合人間学部で、受験科目が特徴的です。共通テストは、理科と社会のみ合否判定に使います。英数国を含めた共通テスト総合点は足切り（↓214ページのコラム参照）に使います。

ハルは、京大と言わなければ国立大学で通用する程度に基礎はあるようです。だから、共通テストはわりと点がとれます。そのなかでも理科と社会はかなり高得点でした。すると、共通テスト後の判定で、京都大学総合人間学部がなんとB判定になりました。はるかなE判定常連が、いきなりB判定です。英数国をのぞいて理科と社会だけで判定するからそうなるのです。

何はともあれ、びっくりです。二次試験ではぜったい通りませんが。

共通テストが終われば、こわいのは足切りです。ラインが高いので、切られるかもしれません。ここまできたのなら、会場で二次試験を受けることができれば、来年に向けて大いなるステップになるはず。

そうこうするうち、京都大学から受験票が届きました。第一段階選抜に合格したのです。京都大学に合格したのではありません。足切りラインを突破したということです。わが家でまるで本試験に合格したかのように大騒ぎしたのは、恥ずかしいから誰にも言わないで黙っとこ。

二次試験、そして捲土重来《けんどちょうらい》

さて、ハルは京大二次試験の当日が近づきました。

エアビーアンドビーで、一軒家をまるごと借りました。京大まで歩いてすぐのところ。前日はナナとナツもいっしょに泊まりました。ナツを泊まらせた理由は、受験当日の様子を見て、模試との違いを感じてほしいからです。

１日目の夕方、私は自動車でナナとナツを迎えにいきました。ハルは悲壮感ただよっていました。まるで歯が立たないことを感じていました。受験を甘く見ていたことを痛感したでしょう。2日目、逆転合格は不可能だけど、来年へ道筋をつけるべきです。かたやナツは、受験本番、会場へ入っていく受験生を見て、「死闘だ」と感じたそうです。模試とはまるで世界が違う、と。自分のぬるさかげんを知ったのです。2人ともやっとわかったようです。今までのようなユルい勉強ではダメだと理解したのです。2日目の試験が終わったとき、これからが本番なのです。

基礎がどれほど大切か、ということも身にしみて理解しました。1年後に向けて、年間のスケジュールを本人と相談しました。1年の前半はとことん、基礎にあてる。受験レベルの問題はその後。

ナツは1年後の受験本番でも、高校の勉強を始めて1年半しかありません。これで合格しようとしたら、基礎をおろそかにしかねません。とうぜん、1浪を前提とした考え方になります。

ハルはじっさいに京大を受験して、自分の実力がはるかに及ばないことを実感しました。当初は気軽に「京大へ行きたい」などと言いましたが、もう少し現実的に考えてみるということで、本人も柔軟になりました。今後の模試の成績しだいで、志望校を考え直したいと。大学でやりたいことを考えるなら、京大にこだわる理由はありません。

中堅クラスの国立大学ならA判定も

ハルは、気があせってなかなか進捗《しんちょく》しないまま、日々が過ぎていきました。

とはいっても、模試の成績は変化が見られました。マーク模試はだんだん上がり、夏には京大文学部でC判定となりました。はるかなE判定常連がよくぞここまで上がったものです。一方、記述模試はE判定のまま動きません。中堅クラスの国立大学ならA判定やB判定がつくようになりました。

ナツも、マーク模試は順調に伸びました。スタートが低すぎたので、順調に伸びてもE判定は抜けだせません。記述模試も少し伸びが見られます。夏あたりには、マークも記述も中堅クラスの国立大学がA判定まで上がってきました。難関国立大学の一部がE判定から抜けだしました。

たしかに「ものすごい伸び」を示しだしました。この時点で、高校の勉強を始めてから1年足らずです。

秋になって、ハルは成績が下降気味。ほかの受験生が追い込んで急上昇していくので、相対的に下がったように見えるのでしょう。伸びが足りないのは事実です。ナツは秋に成績が伸びもせず下降もせず。点数は伸びているが、ほかの受験生と同じペースです。中堅クラスの国立大学ならほぼ合格できそうな成績です。

波乱の共通テスト

ハルとナツは、12月中旬から共通テスト予想問題に取りくみました。着手時点では、ナツよりハルのほうが大きく上回っていましたが、ナツが爆上げとなって、最後はハルに接近しました。

ハルは、前年の同時期を大きく上回っています。前年の本番の点数をおおはばに上回ることが期待できるでしょう。共通テストだけなら、京大がC判定前後つきそうな勢いです。

ただ、ハルはこれ以上の浪人を避けたいことと、自分の実力を冷静に判断したことと、大学でやりたいことを考えた結果、京大へのチャレンジは見送り、共通テストの結果しだいで国立大学を前期日程と後期日程で受けることにしました。

いよいよ共通テスト本番です。ハルとナツが別の試験会場となりました。それぞれが別のホテルを予約し、前日から宿泊しました。もちろん親は同伴しません。

本番の2日目が終わり、2人が帰ってきました。どちらもシブイ顔。とくにハルは悲惨顔。自己採点をして、驚きました。2人とも想定よりおおはばに低いです。

とりわけハルは災害級といってもいいくらいです。「絶対に高得点をとらないといけないと思って、みがまえて、ふだんとは違う考え方をしてしまった」とのこと。あーあ、やっちゃいました。これも、実力のうちです。今回の失敗をふり返って将来の糧にしてくれたらいい。そうできたら、失敗も失敗ではなくなります。

共通テストの3日後、各予備校から判定ツールが公開されました。数学が異常なほど難化したので、合格ラインがどんと下がりそうです。破壊的な地殻変動です。

2人がそれぞれ判定ツールを使った結果が衝撃でした。ハルは、なんと神戸大学がD判定で、地方国立大学は前期ならおおむねA判定です。メンタルの問題で失敗したのは間違いないけど、出願先がないということはなさそうでホッとしました。

三重大学の後期日程は共通テスト＋個別試験で、個別試験では1000字を書きます（課題文の要約500字と意見文500字）。原稿用紙2枚半に相当します。大量の読書と大量の書き写しをしてきたハルにはジャストフィットの出題です。ハルは、前期で神戸大学に挑戦し、後期で三重大学に出願しました。

もちろん、出願にあたっては、合格可能性だけで判断したのではありません。神戸大学と三重大学の校風、研究内容、大学の体制などを調べ、ハルがとことん考えて決めました。どちらもすばらしい大学であると、親である私も思います。一員に加えていただけることを願ってやみません。

さて、ナツの判定ツールはさらに驚愕《きょうがく》でした。なんと、京大がD判定です。判定上は合格の可能性がわずかでもあることになります。模試では京大はE判しかとったことがありません。旧帝国大学のうち九州大学がA判定になっています。模試では九州大学はC判定が一度あるきりで、DとEばかりだったのに。難関以外の国立大学はすべて余裕でA判定でした。ナツは微塵《みじん》の迷いもなく京大に出願しました。

そして二次試験、2人の結果は…？

ハルは2回目の受験です。

共通テストで失敗したので、前期日程の神戸大学合格は厳しいでしょう。出願者が少ないと予想されていた神戸大学文学部も三重大学人文学部後期日程も、締切まぎわになって一気に出願者が増えました。共通テストが大荒れで、ほかの受験生もどこに出願したらいいか迷っていたのでしょう。

合格の可能性をあてこんで出願したものの、前期も後期も厳しくなりました。出願が増えれば合格ラインも上がります。

ナツが出願した京大も出願者は予想より増えましたが、どのみち合格は見こめません。高校2年生が夏休みに京大を受験するようなものなので。そうはいっても、京大の問題にそこそこ対応できています。少なくともちんぷんかんぷんではありません。

ハルもナツも、前日からホテル泊です。ハルの受験宿泊は4回目なので、慣れたでしょう（これ以上慣れなくていいけど）。下見もこなし、落ち着いている様子。

試験が終わって、ハルが帰ってきました。手ごたえは悪くないようです。甘くはないでしょうが、期待してもいいのはうれしい。ナツはいつものとおり超ポジティブで、本人の言を聞くと、合格するかのように聞こえます。数学も半分近くできたとのことで、上出来すぎるほど上出来です。

2週間ほどたって、合格発表がウェブで行われました。ハルが報告にきました。「あかんかった」と。不合格なら、3日後には三重大学後期日程試験です。でも、ハルは落ち込みました。「三重大学を受けるの、やめるか？」と聞くと、「そんなわけはない」。

「なら、気持ちを切り替えよう」

ハルは、三重大学後期日程試験受験に向き合いました。もともと三重大学についてもじっくり調べて、すばらしい大学だと了解していたので、切り替えはすぐにできたようで

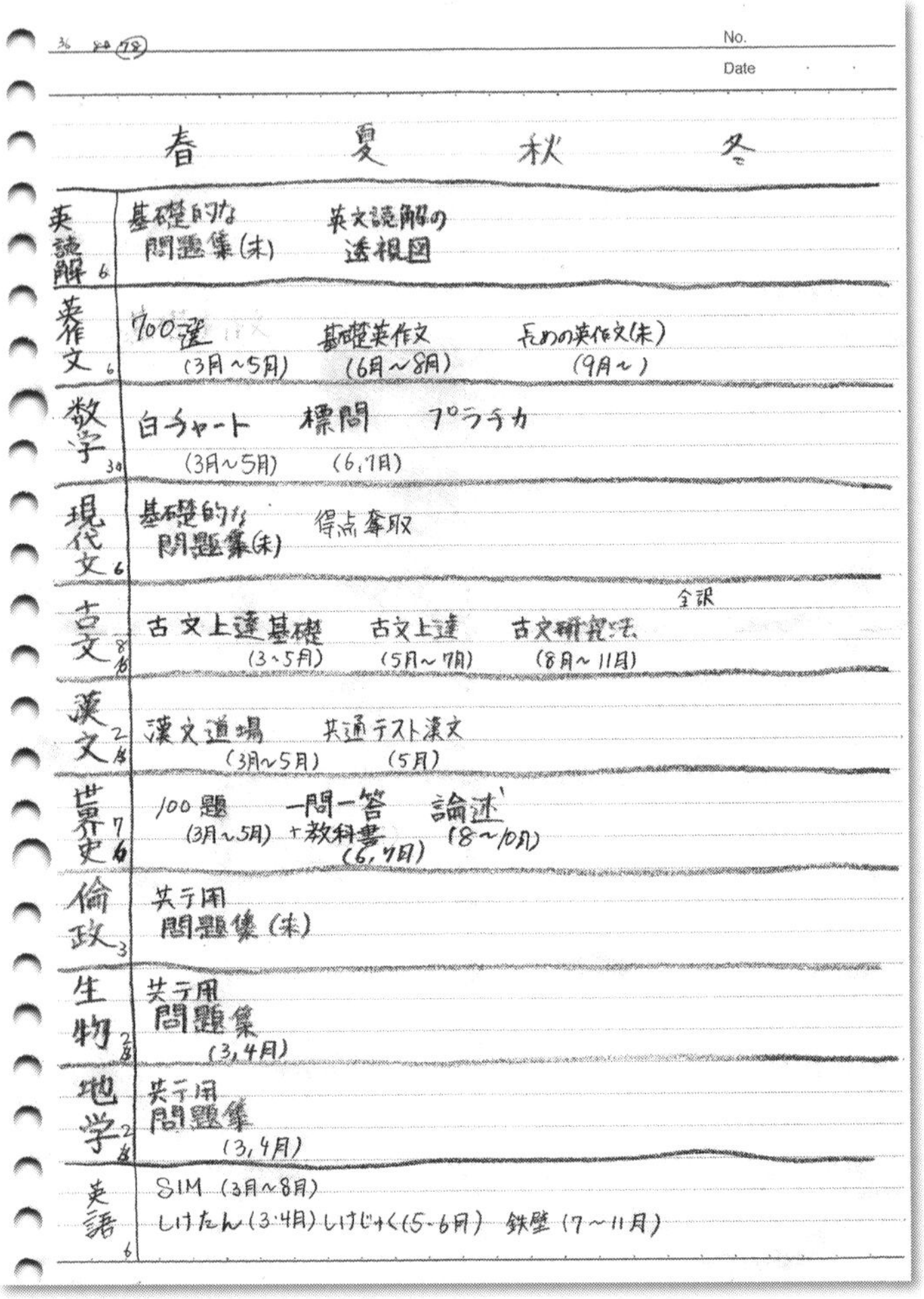

36 84 78
No.
Date

	春	夏	秋	冬
英読解 6	基礎的な問題集(未)	英文読解の透視図		
英作文 6	700選 (3月～5月)	基礎英作文 (6月～8月)	長めの英作文(未) (9月～)	
数学 30	白チャート (3月～5月)	標問 (6,7月)	プラチカ	
現代文 6	基礎的な問題集(未)	得点奪取		
古文 8 6	古文上達基礎 (3～5月)	古文上達 (5月～7月)	古文研究法 (8月～11月)	全訳
漢文 2 4	漢文道場 (3月～5月)	共通テスト漢文 (5月)		
世界史 7 6	100題 (3月～5月)	一問一答＋教科書 (6,7月)	論述 (8～10月)	
倫政 3	共テ用問題集(未)			
生物 2	共テ用問題集 (3,4月)			
地学 2	共テ用問題集 (3,4月)			
英語 6	SIM (3月～8月) しけたん(3・4月) しけじゅく(5・6月) 鉄壁 (7～11月)			

ナツが現役で京大に不合格となった日に書いた年間スケジュール

す。

翌日は京都大学の合格発表です。高校の勉強を始めて1年半のナツが通るはずなどないのですが、本人は通るつもりでいます。

ナツが報告してきました。

「ダメでした」と悔しくて泣いています。

合格するはずないと親が達観していても、本人は心底がんばったんだ。来年につながるぞ。その日の夜、ナツはここから1年間のスケジュールを考えて、私に見せにきました。

高校生の勉強は1年半でだいたい習得できたものの、基礎の足りない部分を半年で徹底しておぎない、後半は受験対策へもっていく。なすべきことをよく考えています。ごくささいな調整を提案したけど、おおむねこれでよいでしょう。すぐに気持ちを切り替えて1年後をめざし再スタートを切ったのは、とてもよいことです。

ハルは三重大学へ

翌日、近くの駅までハルを車でおくり、電車でホテルへ移動しました。受験の宿泊は5回目となります。いよいよ今度こそ、これで最後となる（なってほしい）。

翌日、三重大学人文学部後期日程試験。落ち着いて、ふだんどおりのことができたようです。とはいっても、ものすごく志願者が増えて倍率が上がったので、合格ラインが上がるでしょう。合格は危ないかもしれません。

合格発表は10日後。もし不合格だったら、どうするか。これも考えておかないといけません。ハルは「ここまでがんばってきて、大学に行かない道はない。もう1年がんばりたい」とのこと。そうでしょう。でもそれ、本人もしんどいけど、親もしんどいです。競争率が高くなったことで、試験後、日に日にダメかもしれないと思いつつありました。また1年、受験生2人かかえた日々が続くのか……。

いよいよ、三重大学後期日程の合格発表です。ハルが満面ニヤけ顔で報告してきました。

「合格！」

小学生の間ほとんど勉強せずに、その後は完全独学で勉強してきたものの、18歳からは大学へ行く気を見せず、仕事をしてきた、あのハルが、いよいよ国立大生となるのか。親としても感無量でした。

日程があわただしいです。すぐにアパートを決め、入学にまつわる手続きを進め、ぶじに入学式。大学4年間、何をどう過ごしてもいい。親は野暮ったいことは言うまい。思うように精いっぱいがんばり、自ら道を拓いてほしいです。

1年たった今、順調に単位を取得し、サークルにも参加し、アルバイトもこなしているようです。

1浪のナツ、爆上げ

ナツは1浪に入りました。とはいっても、高校の勉強を始めて1年半です。実質は、高2の秋に相当します。

前年は、模試を16回受けて、京大はすべてE判定でした。11月の冠模試では、歴史に残りそうなほどの低い偏差値でした。各予備校が、東大模試とか京大模試とか、難関国立大学各校に特化した模試を開催しており、それを冠模試といいます。秋には受験生が必死に追いあげるので模試も激化しますが、あまりにもあんまりです！

京大E判定から抜けたのは、共通テスト本番が初めてでした。共通テスト前の1カ月で爆上げしたのです。二次試験も、合格ラインまで差があったとはいえ、思いのほか善戦しました。高校2年生が夏休みに京大の問題を解いてみた、とおきかえて考えると、上々の出来でしょう。

4月に、今年度1回目の模試（記述）を受けました。E判定でした。5月には、マークがD判定、記述がC判定で、順調な伸びに驚きました。ナツは、成績が足りなくてももう1年、京大を受けると言っていました。とうぜん2浪を覚悟しています。

秋にかけて、模試の成績はC判定前後で落ち着いていました。秋の冠模試は、B判定とC判定。やや希望があるかもしれません。2年ちょっと前に高校の勉強を始めたばかり。よくここまで来たなあと、思いもひとしお。

ナツにとっては2回目の共通テスト。二次試験にない科目の得点が低めでしたが、前年よりは大きく伸びて、C〜D判定です。京大は二次試験の配点が大きく、ナツは二次試験に特化した勉強をしてきたので、五分五分ぐらいの感じです。前年とは世界が違います。

ナツ、京都大学に……

共通テストが終わってから二次試験までは1カ月余り。できることは限られています。英数国について、やるべきポイントを絞り込んで集中したところ、あきらかに伸びが見られました。

2月25日と26日が二次試験です。前日からホテル入りし、下見もすませました。電話で話した感じでは、落ち着いている様子でした。とにかく、「ふだんどおり」に尽きます。

初日の国語と数学は、ふだんどおり以上にうまくいったとのことです。まだ翌日があります。2日目は英語と世界史。ふだんどおりのことができたようです。希望をもちながら2週間後の合格発表を待ちます。

いよいよ、3月10日は京都大学の合格発表。

残念ながら、ナツの受験番号はありませんでした。

高校の勉強を始めて2年半。1浪ですが現役生より短い期間です。この1年、数学に大きく時間をついやしました。そのおかげで、二次試験の数学は5問中4問半正解でき、英語や国語もじゅうぶんできたとの手ごたえで、正直いって、合格を期待していました。不合格となった原因は、配点が低いので後回しになっていた理科と社会に時間が足りなかったことだろうと、本人は分析しています。共通テストの理科・社会と、二次試験の世界史が、しょうしょう点が低めだったようです。

これからの1年間は、各科目をバランスよく勉強していく計画です。

ナツは、「あと1年勉強するのはイヤじゃないけど、受験はしんどい」といっています。

ナツは幼いころより、勉強が好きでした。受験によってそれが歪んだかと心配しましたが、そこは変わらないようです。勉強が嫌いになるなら、なんのために受験するんだかわかりませんので。

親としては本人の希望を応援するのみです。

後日、京都大学から成績開示が届きました。900点満点で3点差の不合格でした。100点満点に換算すれば、0・3点差になります。ほんとうに、何かがあとわずか、というところでした。

続く、アキとフユ

わが家のホームスクーリングは、大学受験をめざしてはいません。とはいっても、こんなふうにハルとナツが大学受験に取りくみ、2年半も受験生家庭になってしまうと、アキとフユも意識せざるをえません。アキとフユも大学へ行けということはありません。もちろん、行くなともいいません。本人たちが、自分で考えることです。

アキは、京都大学を受けたいと言っています。大学でやりたいことも具体化されつつあります。アキの高2までの模試の成績を見ると、受験には首尾よく対応できそうですが、気をゆるめてはいけません。まだまだ、受験生家庭としての緊張がとぎれることなく続きます。

ここまで読んでくださって、いかがでしょうか。

国立大学受験生は、幼いころから塾へ通う人が多いでしょう。とくに京都大学受験生だと、ほぼ全員近くかもしれません。わが家は、学校も塾もなしです。しかも、田舎です。しかも、たいへんなブランクがありました。

たとえば、不登校などで数年間、ほとんど勉強できなかった、という人もたいへん多いでしょう。だいじょうぶ。どんな希望だってあります。もちろん、皆が皆大学へ行く必要はありません。どなたさまも、自分の望む人生を見いだしていけるならば、すばらしいではありませんか。

わが家の場合は、「独学の力」、すなわち、大量の読み聞かせ（昔話）、大量の読書、大量の書き写しが、土台です。この土台なくして、今日はありません。

ハルとナツの大学受験は、かなりムチャなプロセスでしたが、それでもだいじょうぶ。なんとかなっています。

「独学の力」は、すごいパワーでありながら、簡単でお金もかかりません。ということを、わかっていただけたら、うれしいです。

コラム

大学進学を考えているなら知っておきたい入試制度

大学には、国立大学、公立大学、私立大学があります。令和4年度の文部科学省の学校基本調査によると、国立大学86校、公立大学101校、私立大学620校です。戦前に設置された国立大学は現在は旧帝国大学と呼ばれ、東京大学、京都大学、北海道大学、東北大学、名古屋大学、大阪大学、九州大学の7校が該当します。

戦後は国立大学が一気に整備され、現在は各都道府県に1校以上あります。難関国立大学といえば、旧帝国大学7校に加えて、東京工業大学、一橋大学、神戸大学をふくめた10校をいうことが多いようですが、明確な基準はなく、別のくくり方もあります。国公私立とも、「難関」というのは偏差値においての話であり、実際のところは、各校ともそれぞれ伝統や歴史があり、大学のポリシー、教育方針、教育課程、設置学部など、非常に多様であり、偏差値のみではとらえきれない存在です。

入試制度は国立・公立と私立とで大きく異なります。私立は多様な形態の受験が可能です。数多くの大学を受験可能ですし、同一の大学・学部を何種類かの方法で受験できることも珍しくありません。

国公立の入試はおおむね一律です。二次試験は2月下旬に前期日程、3月中旬に後期日程があり、前期と後期、それぞれ1校ずつしか受けられません。一部の大学では中期日程もありますが、実施校が少ないので、前期日程と後期日程で出願する受験生がほとんどでしょう。国公立大学の出願は、最大で3校、多くの受験生は前後期の2校または前期のみの1校です。募集定員は前期日程のほうがはるかに多いので、前期日程がメインであることはあきらかです。前期日程の合格発表後に後期日程の試験が行われるので、前期に合格した人は後期は受験しません。それでも後期日程は狭き門となり、前期日程よりも難易度が上がります。

国公立大学を受験するなら、1月中旬の共通テスト（過去の大学入試センター試験、共通一次試験に相当）と2月下旬の二次試験を受けなければいけません。共通テストは全科目マークシート形式です。すべての受験生が同じ問題を受けます。多くの国公立大学では英語、国語、数学、社会、理科のすべてが必須です。文系と理系とで理科・社会の配分が変わりますが、どちらにしても900点満点です。2025年からは情報科が加わるなど、制度の変更が予定されています。

二次試験は「個別試験」といわれ、各大学が試験問題を用意します。科目も大学によりけりです。難しい大学ほど、科目数が多く、試験時間が長い傾向があります。後期日程は採点期間が短いため、個別試験の科目数は少ないです。合否判定は、共通テストと個別試験の合計点で判断されます。共通テストは900点満点ですが、各大学がそれぞれ配点を変えて調整します。科目ごとの配点も同じではないことが多いです。これを傾斜配点といいます。

二次試験の出願が多いと、会場の確保や採点のキャパなどの理由により、制限をかけることがあります。これが俗にいう「足きり」で、正確には「第一段階選抜」といいます。すべての大学・学部で実施されるわけではありません。共通テストの点数の低い受験生は出願した大学の二次試験を受けられないことになります。

第6章

「独学の力」とホームスクーリング

結果として完全ホームスクーリング

4人の子どもたちが、18歳まで、1日も小中高の学校へ行かず、完全独学の完全ホームスクーリングで育ちました（フユはまだ15歳ですが、高校へ行かないことは確定しています）。

小中学校は義務教育とされており、ホームスクーリングができるのか？という疑問があるでしょう。学力、社会性といった点もよく問われることですが、これらは第5章まででお話ししてきました。第6章では、ホームスクーリングという仕組みについてお話しします。

ホームスクーリングをしていると言うと、学校教育否定論者であるか、シュタイナーやモンテッソーリのような教育論をもっているかと問われることもありますが、そのようなものは何もありません。ホームスクーリングへのこだわりすらありません。ですから、他人に対してホームスクーリングをすすめたことは一度もありません。たまたま、結果として完全ホームスクーリングになった、というだけのことです。

不登校などでホームスクーリングに入っていく人もいるでしょう。わが家のホームスクーリングを語ることで、お役に立てる部分があればうれしいです。

ホームスクーリングとは、ただたんに学校へ行かず自宅を中心に学習している形をいうだけのことで、私がホームスクーリングについて語るとき、あくまでも「わが家にとってのホームスクーリング」にすぎないということをご理解ください。

そもそもホームスクーリングのご家庭が独学とはかぎりません。ホームスクーリングであっても、誰かが勉強を教えているかもしれません。勉強に対しての考え方、学校教育に対しての考え方、家庭外との距離のとり方など、わが家とまったく異なるホームスクーラーも少なくありません。

ホームスクーリングを選択した理由は、第1章でもお話ししたように、「自分の人生を自分で生きる」ためです。学歴のためではなく、したがって試験の点数や偏差値のためではありません。

「教養」とは定義の難しい言葉ですが、俗っぽく「金儲けを目的としない勉強」だといえば、それほどかけはなれてはいないでしょう。ならば、わが家が大事にしたいのは、まさに教養です。

「教養」が重視されない学校教育

教育基本法の第1条には「教育の目的」が、第2条には「教育の目標」が書かれています。おおむね「教養」といえそうな内容です。高い点数、高い偏差値をめざして競争し、高学歴を獲得することを目標とする、などとどこにも書かれていません。

学習指導要領には、教育基本法にもとづくと書かれているので、やっぱり学歴目的ではなさそうです。教科書は学習指導要領にもとづいているので、学歴目的ではありません。学校の先生方は、学習指導要領にもとづいて、教科書を使って授業をしているはずなので、学校とはほんらい、教養のために勉強する場であって、学歴獲得とは関係ないはずです。

でも、学校現場は、受験を意識せざるをえない場になっています。進学実績がその学校の評価につながるような風潮も一部ではあるでしょう。そのために、子どもたちは熾烈《しれつ》な競争にまきこまれ、競争に負ければ、そして競争からドロップアウトすれば、教育格差の負け組になりかねません。

これは勉強なのでしょうか?

わが家のホームスクーリングは、ある意味、教育基本法の原点をめざそうとしているのだといっていいと思います。

なんか、ヘンですね。教育基本法の理念を求めれば、法が定めた学校ではなく、法が定めないホームスクーリングになってしまった、というわけです。どこでねじれちゃったんでしょうか。

ホームスクーリングは違法？

小学校、中学校は義務教育ですから、ホームスクーリングは違法ではないのか？という質問をよく受けます。

この点は、ホームスクーリングを始める際に勉強しました。答えからいいましょう。

正解なし。グレーゾーンです。法が認めてはいないけど、禁止もしていません。法の運用しだいというところでもあるでしょう。

憲法では、教育は子どもにとっては権利、親にとっては義務です。どんな義務かというと、普通教育を受けさせる義務です。学校へ行かせる義務だとは書かれていません。憲法の下にある教育基本法でも、同じ内容が繰り返されています。

教育基本法の下にある学校教育法では、小学校、中学校へ就学させる義務が書かれています。保護者にとっての義務とは、普通教育を受けさせる義務であって、そのための学校です。

では、普通教育は学校でないとダメなのか？と問うなら、良いとも悪いとも書かれていません。だから、みんな、普通教育＝学校教育と考えています。

国会でも、教育の多様化、つまり学校以外の教育も認めていこうと検討されたことがありますが、今のところ法制化されていません。今後、法制化されれば、ホームスクーリングがすっきりさわやか、合法となる日が来るかもしれません。

先進国では、欧米ではホームスクーリングが法制化されている（どうどうと認められている）国が目立ちますが、禁止扱いの国もあります。世界的に見てもマチマチで、ホームスクーリングはいいのか悪いのか、一律ではない状態です。

不登校の法律面での解釈とは？

日本では、不登校が非常に増えていて、法的な扱いが難しいです。１９９０年代なかばあたりまでは、登校拒否とよばれていて、ほぼ違法扱いでした。治療の必要な病気だと考えられたこともあります。

現在から見れば、乱暴な話でしょう。これではいけないという認識が強くなってきて、病気ではないのだ、誰にでもおこりうるのだ、と考えられるようになると、違法扱いはできません。現実にあわせて法の運用を調整しているという感じでしょうか。

現在は、不登校を法律違反だという人は、もはやいないでしょう。不登校児童・生徒も、小学校や中学校に在籍しています。ということは、就学しています。ただ、欠席しているだけです。

行政からすると、就学させる義務は果たしています。在籍している以上、親も就学させる義務を果たしています。諸般の事情があって、本人が欠席しているだけです。

このような解釈で、法律面はまるくおさまっているのが現状だといっていいでしょう。

不登校とホームスクーリングはどこが違って、どこが同じ？

では、不登校でなくて、ホームスクーリングだとどうなのだ？

運用上は、同じことです。

ハルが小学生になる前、わが家はホームスクーリングでやっていきたいというと、小学校の教頭先生が来てくださって、実務上の打ち合わせをしました。

小学校のほうから、「籍を置かせてほしい」と言ってくださいました。とてもありがたいお言葉です。小学校に在籍し、教科書をもってきてくださる、というのが小学校からの提案で、たいへん申しわけなく、ありがたく、提案をお受けしました。

こちらからのお願いは、小学校の生徒さんが混乱しては困りますので、出席簿にのせない、座席を用意しないことです。書類上はどのような扱いでもかまいませんが、ハルの存在を見える化しないでほしい、ということです。

つまり、完全ホームスクーリングでありながら、就学させる義務を、学校も親も形式上は果たしていることになるのです。登校しなければ就学義務を果たしたことにならないというなら、不登校は就学義務違反です。そのような運用はできないので、在籍を就学という扱いにせざるをえません。

ほかのホームスクーリングやオルタナティブ教育をされているご家庭も似たような形だと思います。

ホームスクーリング法制化の是非

いつの日か、ホームスクーリングが法制化されたらいいのになあ、という声も聞きますが、私の意見は単純ではありません。

どちらかというと、今のままで良いのではないかとも思います。

実務上、今のままで問題ありません。小学校、中学校に1日も登校せず、完全ホームスクーリングだったにもかかわらず、うちの子たちは卒業証書をいただいています。義務教育なので、どんな状況でも形式的に卒業証書を出すということなのかもしれませんが。

毎年春に学校から教科書をもってきてくださるときに、先生には、子どもたちと対話していただき、ふだんの勉強の様子を報告しています。中学校では3年生で校内模試が3回あり、その問題と解答をもってきてくださいます。

うちの子は時間どおりに、ほんとうの試験のようにして取りくみ、その結果（得点）を報告しました。4人ともです。このように、学校と対話をもつことを心がけてきました。

児童相談所がわが家へ来たことがあります。虐待がないかどうかの確認だと思います。子どもたちと対話し、短時間で帰っていかれました。来たのは一度きりです。問題なしという判断なのでしょう。

ホームスクーリングは、家庭が全責任を負います。すべてが家庭しだいです。ということは、子どもにとって良くない状況がありえます。

子どもが学校へ行きたがるのを無理やり親が行かせないとすれば、問題なしとは言えないでしょう。虐待が隠れていることがあるかもしれません。家庭でなんの普通教育も与えていないとすれば、マズイですね。

ホームスクーリングを法制化するなら、行政の監督責任をなんらかの形につくらないといけません。

ホームスクーリングに問題がないなら不登校のように扱い、問題があれば違法とできる余地がある。こういうアバウトな運用のほうがいろんな状況に対応しやすいのではないかとも思います。

ホームスクーリングはとても難しい

「運」や「めぐりあわせ」によるところも

もう一つ、ホームスクーリングを制度化しないほうがいいかもしれないと思う理由として、ホームスクーリングはとても難しいので、ハードル高めのほうが良いのではないかということがあります。

私もナナも子どもを管理するのが好きではないと繰り返し言ってきましたので、放任主義であるかのように感じられるかもしれません。

子どもたちが学校へ行っていれば、放任気味でいられたでしょう。ホームスクーリングではそんなことはできません。親に全責任があるのですから、「あ、失敗しちゃった。ごめんなさい」ではすみません。子どもたちの人生にかかわることです。勉強ということについて、一生懸命、勉強し続けてきました。

子どもたちを常に観察（監視ではありません）し、夫婦で話しあってきました。京大、生協、積水化学グループの活動を立ち上げるために並々ならぬ努力をしました。その他、さまざまな活動への参加、家族でのひんぱんなお出かけ、ありとあらゆる機会づくりなど、語り尽くせぬ努力が必要でした。

４人とも完全ホームスクーリングができたのは、親が多大な労力を割いたということと、周囲の環境にあまりにも恵まれていたという両面があります。親の努力だけではどうにもできない、「運」や「めぐりあわせ」のようなものに助けられました。

第４章でお話ししましたように、ホームスクーリングを始めるにあたって、京都大学大学院教育学研究科、生活クラブ生協大阪（元、アルファコープ）、積水化学グループが童仙房で活動を開始しました。三者とも、私が強くはたらきかけて、立ち上げに力を尽くしたからですが、かといって、私のような名もなきオヤジが、このような大きな組織を動かせるはずはありません。たまたま、先方さんのニーズがマッチしたのであって、偶然の重なりでした。

三者ともわが家のホームスクーリングとは無関係ですが、家族全員でそれぞれに参加し、子どもたちには非常に大きな存在となりました。多様な方々と交流し、多様な体験を積み、社会性が大きく磨かれました。

この三者の活動がなければ、ホームスクーリングが継続できたかどうか、わかりません。ずっと家で過ごしていたら親にべったりではないかと思われる方もいるでしょう。私はそのような親子関係は好みません。幼いころから、自分でできることは極力自分でさせ、親はなるべく関与しないようにしてきました。

生協の活動ではしばしば宿泊もありましたが、親は宿泊せず、子どもたちだけ、大勢のなかでいっしょに寝泊まりしました。親から離れて集団で宿泊することは幼いころから慣れています。

大学受験においてもいつも宿泊でした。共通テストでは自宅から試験会場へ行く受験生が多いので、宿泊せざるをえないへき地などの受験生は不利だともいわれていますが、ハルもナツも、そんなことは無縁でした。親はついていかず、子どもだけでホテルなどに泊まり、食事はホテルのレストランかまたは外食。昼食は自分で買って持っていく。なんの問題もありません。ナツは受験の宿泊を楽しんでいたぐらいです。

逆風なし

2007年からホームスクーリングをずっと続けてきて、逆風やバッシングは皆無でした。

行政、学校、地域、親族・親戚などとうまくいかず苦労しているホームスクーリング家庭の話も聞きますが、わが家では無風でした。むしろ、あたたかく見守ってくださり、支えてくださり、四方八方、みなさま方に心を尽くして感謝するのみです。けっして、ホームスクーリングは自分の家庭だけでなんとかなるものではありません。

ホームスクーリングやオルタナティブ教育など、学校外の学びを選択したご家庭との交流もありましたが、学校に行っている子たち《アキ、フユ》やそのご家族との交流も大事にしました。地域の子どもたちともいっしょに遊んだりしました（↓231ページ）。地域の行事にも参加してきました。

ホームスクーリングの子どもたちは、学校というものがよくわかりませんし、学校に行っている子たちがどんな様子なのか、できるだけ触れたほうがいいと考えていました。その結果、学校に行きたがったら行かせていましたが、そうはなりませんでした。小学校低学年だと、学校が楽しいという子もいますが、学年が上がるにつれて、学校がつらい、行きたくないという声が増えてきます。学校に行っている子には選択肢がないのに、自分には選択肢がある、と感じていたようです。

学校に行っている子のご家庭ともたくさん交流しました。ホームスクーリングに関心をもつ方も少なからずいらっしゃいましたが、わが家がきっかけとなって実際にホームスクーリングを始めたご家庭はありません。ホームスクーリングを選択することは、とても難しいことなのです。

現在、日本でホームスクーリングがどんどん広がることはないと思います。基本は学校です。

学校教育・義務教育があるからこその独学

4人の子どもたちは、学校教育のさまざまな問題を直接聞いたり、本で読んだりして認識しています。

学校はダメなのか、というと、そんなことはありません。じつは、わが家が完全ホームスクーリングをできたのは、学校教育のおかげです。わが国にすばらしい学校教育の制度があるからこそ、ホームスクーリングができたのです。

完全独学で勉強する際に使った教材は、学校教育がつくりあげてきたものです。参考書や問題集は大部分がそうです。学校教育という仕組みでより良く勉強できるように、多くの先生方、専門家のみなさまが長い年月をかけてつくりあげてきたものです。このような教材なしに、独学をしようがありません。

学校教育のカリキュラムや課程にさまざまな批判があることは承知しています。そのうえで、現在の学校教育の学習カリキュラムは非常によくできていると感嘆します。それぞれの学年で学ぶ内容、その順序、体系。わが国の学校教育にかかわってきたすべての方に

地域や遠方の友だちとの交流は？

アキ　おもに小学生のころは、近所の子たちとよく遊んでいました。夏休みには、毎日のように会って近所の4カ所くらいの遊び場をまわって遊んだりもしました。また、生協の活動で遠方の子とも時どき会い、少なくとも十数人とは顔なじみで、初対面の子と遊ぶ機会もよくありました。

フユ　昔は地域の集まりの場があったので、それをきっかけにして、地域の子どもたちと友達になりました。夏休みには毎日のように一緒に遊ぶくらい、地域の子どもたちと親しく付き合っていました。私は田舎に住んでいるので、そもそも一緒に遊びに行くこと自体難しかったから、友達と一緒にどこかに遊びに行ったことはありません。遠方の友達はいます。日本郵便がやっている「青少年ペンフレンドクラブ」の会員になって、遠くに住んでいる同世代の子どもと文通をしてます。

感謝したいと思います。

ホームスクーリングは、学校教育から離れて、自分で勝手にできるとは思えません。少なくともわが家では無理です。

小学校、中学校の先生は、毎年教科書をもってきてくださるたびに、「いつでも学校へ来てください。いつでもいいですよ」と言ってくださいました。これは、たいへんありがたいことで、ホームスクーリングがうまくいかなく《ハル、ナツ、アキ、フユ》なったり、子どもが学校へ行きたがったりすれば、学校にお世話になったことでしょう。その道が常に開かれているからこそ、怖々とでもホームスクーリングができたのです。わが国の義務教育の仕組みに問題山積だとしても、義務教育はありがたい存在です。

いただいた教科書は、学校教育へのチャンネルでした。教科書より『自由自在』のほうが圧倒的に詳しいですが、教科書を参照することによって、学校へ行っている子たちがどんな勉強をしているのか知ることができたのです。

学校教育に対して私が思うところ

ホームスクーリングは、親の多大な労力と周囲の環境に恵まれることが必要です。さまざまなご家庭があり、さまざまな環境があって、それでもある程度の水準の教育が受けられる学校教育は、ナショナルミニマムとも言えるでしょう。

しかし、制度疲労と思える部分もあります。

みんな一律で、という平等主義が日本を底上げした時期もありました。一方でそれは、多様性を抑圧するはたらきもあり、現在の社会では無理があります。

一時期でも「学校へ行きたい」「行っておけば良かった」と思ったことは？

ハル　学校へ行きたいと思ったことも、行かなかったことを後悔したこともありませんでした。

ナツ　学校に魅力を感じることもありましたが、私にとってはホームスクーリングにそれ以上の魅力があるので、学校に行きたいと考えたことはありません。

アキ　学校へ行きたいと思ったことは一度もありません。だいたい毎日早起きするのがおっくうですし、決められたペースで一日を過ごすのが苦手なので、行きたいとは全く思いませんでした。友達と遊ぶにしても、1、2週間に一回も遊べばそれで十分でしたし、普段はきょうだいと遊んでいました。今からふり返ってみても、やはり行かないでよかったと思います。

フユ　学校に行きたいと思ったことは、ありません。学校に行ったら自分のペースで勉強できませんし、他の人から聞いて勉強するよりも、自分で参考書を使って勉強した方が、はるかに効率的に勉強できます。それに私の性格的に、学校に行ったら、他の子どもたちに同調して圧倒されるだろうと思いました。

ハルは小学生の間、勉強をほとんどせず、中1になっても小学生の勉強をやっていました。中1の勉強を始めたのは中1の12月ごろです。学校では許されないプロセスです。ホームスクーリングだからこそ、なんとか追いつけました。学校に行っていれば、小学生の勉強が欠落したままで中学の勉強をやらざるをえません。そうなると、中学の勉強を理解できないでしょうから、できない状態が定着します。国立大学受験など夢のまた夢だったでしょう。このような状態のお子さまは少なくないと思います。

中学・高校の定期テスト（中間テスト、期末テスト）は良い仕組みです。授業で習ったことを、忘れかけたタイミングでふり返って定着させる。これがしっかり機能するには、日常的に予習復習をちゃんとやって、授業をしっかりものにできていることが前提です。

たとえば、1学期の中間テストの範囲で理解できていない箇所があっても、期末テストでは中間テストの範囲に戻れません。すると、期末テストの範囲もおのずから理解がうまくできないでしょう。定期テストの仕組みにおいては、どこかで遅れをとったとき、元に戻るのが難しくなり、その後の勉強が困難になっていきます。

ナツは中1から高2まであまり勉強しませんでした。学校に行っていれば、定期テストのサイクルに翻弄《ほんろう》されたでしょう。どこかの高校に入ったとして、高2の夏に高校の勉強を始めようとしても、高2の2学期以降の定期テストに追われ、思うようにいかなかったでしょう。短期間に京大受験生に追いつくなど、ありえません。

習熟度別学級は批判が強いですが、小学校、中学校で検討してもよいのではないかと思います。前の学年、あるいはもっと前の学年にさかのぼって勉強し直したほうがいい子は少なくないと思いますが、現在の仕組みではそれが許されません。

逆に、とてもできる子にとっても、一律授業はつらいでしょう。三段階ぐらいに分けてはいかがでしょうか。もちろん、成績の低い子を見下すような空気は論外です。

受験において競争が生じるのはやむをえないでしょうが、競争をしないルートがあってもいいはずですし、試験の点数にこだわらない道で、ほかのことをがんばっていけるような多様な生き方を実現できるよう、優しい仕組みはいかがでしょうか。ゆっくりルートで勉強を取りもどした子が勉強がんばるルートに移行することだってあるかもしれません。

ホームスクーリングならレジリエンス自由自在なので、ハルもナツも救われましたが、学校教育にレジリエンスをもたせる仕組みだと思います。

明日の子どもたちへ

この本の趣旨は、ホームスクーリングではありません。難関大学合格法みたいな受験指南を書きたいのでもありません。

書きたいことはただ一つ。教育格差を越える提案です。

親の学歴を子が継承していくという構造は固定されるべきではありません。

私の提案は非常にシンプルです。

お金もかからず、誰でもできます。完全独学のもととなる「独学の力」、すなわち大量の読み聞かせ（昔話）、大量の読書、大量の書き写しです。「独学の力」は、ホームスクーリングのみならず、学校でも勉強を強く後押しします。

どんなスタイルの勉強でも、つまり参考書でも、動画でも、教室の授業でも、オンライン授業でも、独学でも、アクティブラーニングでも、後押しします。どの学校に通っているか、塾に行っているか、どこの地域に住んでいるかなど、関係ありません。

家庭によっては、読み聞かせの時間をじゅうぶんとれなかったり、書き写しを習慣化できなかったりということもあるでしょう。

子どもの集まる場で、少し取り入れることはいかがでしょうか。新たな予算化、新たなプロジェクトなしに、現在ある場や活動で、昔話の読み聞かせや書き写しを取り入れてみる、ということなら、無理なくできるのではないでしょうか。

地域で学力の底上げができそうです。高齢の方に読み聞かせをしていただけるなら、活躍の場にもなるでしょう。

もっとも、全員一律にというのはオススメできません。「いっしょにやってみない？」というお誘いにとどめたほうがいいでしょう。

第2章でもお話ししましたように、わが家の読み聞かせは、子どもが聞こうが聞くまいが、子どもに聞くことを求めずに、ただただ大人が読む、という、子どもからしたらたいへんゆるいやり方でした。書き写しも、ハルが嫌がってやりたがらなかったとき、無理強いはしませんでした。1日1枚よりゆっくりでもいいので、少しずつでも進んでいきましょう。いつのまにやら塵も積もれば山となります。

田舎に住んで、小中高に一度も行ったことがなく、塾も習い事も皆無で、誰からも勉強を習ったことがない子どもたちが、幼いころから塾に通い、進学校に通い、優秀だと自他ともに認める子たちに並んだり抜き去ったりできるならば、どんな子でも、たいがいのことが可能なはずです。教育格差など、どこにも存在しなくなるでしょう。

そして、「独学の力」を育むのは幼少期でなくとも、小学生でも中学生でも高校生でも、大人でも、いつでも始められます。幼少期を過ぎたから手遅れだということはありません。

どんな環境でも、どこからでも、人生を拓くことができる。と、みんなが理解してくれたら、世界はきっと良くなる、と信じています。

あとがき

教育格差をなくして、あたたかく支え合う世の中を

わが家が完全独学のホームスクーリングをやってこられたのは、「独学の力」に力をそそいだからこそです。

大量の読み聞かせ（本物の昔話）、大量の読書、大量の書き写しです。

学歴のための勉強を度外視したからこそ、「独学の力」を大事にできたのかもしれません。

その結果、教科学習が良いように進みました。幼いころから塾に通いつづけてきた子たちに引けを取りません。逆説的にみえるでしょうが、事実です。経済力、住んでいる地域、親の学歴によって固定されると思われている教育格差も、この逆説的な取りくみでひっくり返せると思います。

教育格差の上位層は困るかもしれません。せっかくのアドバンテージがなくなってしまいますから。でも、良いではありませんか。殺伐とした競争社会よりも、あたたかく支え

合う世の中のほうが誰にとっても暮らしやすいはずです。そんな思いで、この本を書いてみました。

わが家はホームスクーリングですが、自分たちだけでやっていけるものではなく、とても多くの方々のおかげで、今日があります。

童仙房にお住まいのみなさん、相楽東部広域連合立南山城小学校さん、相楽東部広域連合立笠置《かさぎ》中学校さん、南山城村さん、教育委員会さん、童仙房で活動を展開してくださった京都大学大学院教育学研究科さん、生活クラブ生協大阪さん、積水化学グループさん、出会ったすべての方々、学校教育にかかわってこられたすべての方々。まだまだお世話になった方々はとても多く、書ききれません。そして、わが家のささやかなウェブサイト「誰でも独学ねっと」を見つけてご覧になった方々。

何より、最後まで読んでくださったあなたに、最大限のありがとう。

2023年の春うららかな日に

内藤浩哉およびナナ、ハル、ナツ、アキ、フユ

内藤浩哉
大阪府生まれ、京都大学卒業。
1992年、新天地を求めて京都府内の唯一の「村」南山城村の童仙房（標高500メートルにある集落）に移住。結婚後、2000年に第1子が誕生。地元小学校に通わせるつもりだったが、統廃合で長距離登校が余儀なくされた状況下、子ども本人の意思もありホームスクーリングを行うことに。後に誕生した第2〜4子もそれに倣い、現在まで誰一人、小中高に通うことなく16年間以上ホームスクーリングを実践している。けっして現在の義務教育や学校教育へ対する不満からではなく、子どもたちの意思と環境の変化による成り行き上の結果だった。そして思いがけず、完全ホームスクーリングでも驚異的な教養と生きる力、自ら学ぶ姿勢を身につけられるという貴重な実例をもたらした。
ウェブサイト「誰でも独学ねっと（daredoku.net）」を運用。

**学校や塾へ行かずに、
いかにして4人の子どもたちは
独学力を身につけたのか？**

2023年 6月 5日　初版発行

著　　者　内藤浩哉
発 行 者　太田宏
発 行 所　フォレスト出版株式会社
〒162-0824
東京都新宿区揚場町2-18　白宝ビル7F
電　　話　03-5229-5750（営業）
03-5229-5757（編集）
U R L　http://www.forestpub.co.jp
印刷・製本　中央精版印刷株式会社

©Hiroya Naito 2023
ISBN978-4-86680-230-5　Printed in Japan
乱丁・落丁本はお取り替えいたします。